若手の経験を糧に WEリーグ2季目、出遅れ響き7位

強豪相手に健闘、手応えも

サッカー女子のYogibo WEリーグは２季目の全日程を終了した。AC長野パルセイロは１季目と同じ５勝６分け９敗の勝ち点21で７位だった。若手主体のチームは好不調の波が激しく、目標の「６位以内」にあと一歩届かなかった。

三菱重工浦和、日テレ東京V、INAC神戸の上位３チームと対戦した20～22節は１勝２分け。優勝した浦和には終盤のゴールで逆転勝ちし、引き分けた２試合もシュート数は上回った。主将の大久保は「内容も良い。強みの運動量を発揮すれば、個の力の差は埋められる」と自信を得てシーズンを締めくくった。

出遅れが響いた。昨年８～９月のリーグカップは１次リーグで３勝２分の好成績を収め、期待を抱いてリーグ戦に入ったが、チーム内の新型コロナ感染の影響もあり開幕４連敗。「自信を失い、パスを受けても前を向けなかった」と大久保。プレス守備も迫力を欠いた。冬季中断期間明けも波に乗り切れず、５月下旬に田代久美子監督の今季限りの退任が発表された。開幕時点で平均 22・9歳という経験の乏しいチームは安定感が足りなかった。

前田ふらの・強化担当は「終盤戦を見れば上位に食い込むポテンシャルはあるが、継続的に発揮できなかった。チームづくりから継続性を大切にしていきたい」と語り、経験を積んだ若手たちで来季に臨む考えだ。

リーグ３季目となる2023～24年シーズンは11月に開幕し、引き続き秋春制で実施する。なでしこリーグ１部だったC大阪を加えた12チームで争う。

目次

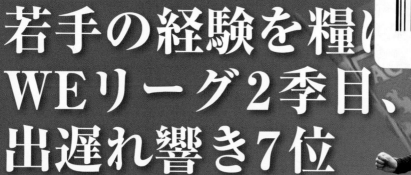

AC長野パルセイロレディース 2022-23 選手・スタッフ名鑑

❶生年月日 ❷身長/体重 ❸血液型
❹出身地 ❺前所属チーム
★=シーズン中入団

風間 優華
Yuka KAZAMA
GK 31
❶1999年5月27日生
❷175cm/67kg ❸B型
❹長野県（信濃町）❺FCふじざくら山梨

福田 まい
Mai FUKUTA
GK 21
❶1998年5月20日生
❷170cm/61kg ❸A型 ❹愛知県
❺マイナビ仙台レディース

伊藤 有里彩
Yuria ITO
GK 1
❶2001年4月2日生
❷172cm/63kg ❸B型
❹長野県（諏訪市）❺前橋育英高

長江 伊吹
Ibuki NAGAE
DF 4
❶2002年3月3日生
❷160cm/52kg ❸O型
❹富山県 ❺INAC神戸レオネッサ

岡本 祐花
Yuka OKAMOTO
DF 3
❶1997年9月20日生
❷168cm/54kg ❸AB型
❹東京都 ❺日体大FIELDS横浜

肝付 萌
Moe KIMOTSUKI
DF 2
❶1997年6月17日生
❷157cm/49kg ❸B型
❹神奈川県 ❺山梨学院大

梅村 真央
Mao UMEMURA
GK 35
❶2000年11月18日生
❷169cm/59kg ❸B型
❹三重県 ❺流通経済大 ★

久保田 明未
Ami KUBOTA
DF 23
❶1999年9月14日生
❷167cm/57kg ❸B型 ❹茨城県
❺日本体育大・日体大FIELDS横浜

奥川 千沙
Chisa OKUGAWA
DF 22
❶1995年8月24日生
❷160cm/54kg ❸O型
❹愛知県 ❺マイナビ仙台レディース

奥津 礼菜
Rena OKUTSU
DF 15
❶1997年5月12日生 ❷161cm/53kg
❸A型 ❹神奈川県 ❺ジェフユナイテッド市原・千葉レディース

岩下 胡桃
Kurumi IWASHITA
DF 5
❶1999年11月2日生
❷170cm/57kg ❸A型
❹栃木県 ❺山梨学院大

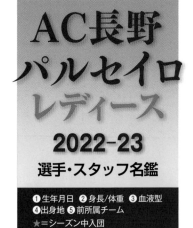

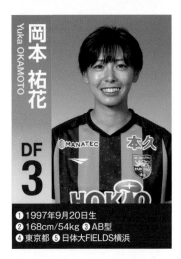

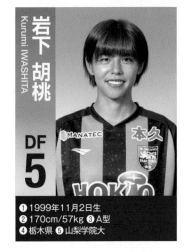

福田 ゆい
Yui FUKUTA
MF 8

❶1998年5月20日生
❷165cm/56kg ❸A型 ❹愛知県
❺マイナビ仙台レディース

三谷 沙也加
Sayaka MITANI
MF 7

❶1995年5月13日生
❷161cm/49kg ❸B型 ❹岡山県
❺浦和レッドダイヤモンズレディース

大久保 舞
Mai OKUBO
MF 6

❶1996年9月3日生 ❷161cm/49kg
❸O型 ❹山梨県 ❺ジェフユナイテッド市原・千葉レディース

橋谷 優里
Suguri HASHITANI
DF 24

❶1997年11月15日生
❷164cm/57kg ❸A型
❹宮崎県 ❺日体大FIELDS横浜

成田 恵理
Eri NARITA
MF 17

❶1998年2月3日生
❷160cm/54kg ❸O型 ❹茨城県
❺マイナビ仙台レディース

鈴木 日奈子
Hinako SUZUKI
MF 16

❶1998年5月20日生
❷162cm/54kg
❸B型 ❹栃木県 ❺山梨学院大

菊池 まりあ
Maria KIKUCHI
MF 14

❶2001年12月5日生
❷160cm/53kg ❸A型
❹宮崎県 ❺INAC神戸レオネッサ

太田 萌咲
Moe OTA
MF 13

❶2003年4月4日生
❷159cm/52kg ❸A型
❹東京都 ❺JFAアカデミー福島

榊原 琴乃
Kotono SAKAKIBARA
MF 32

❶2004年10月11日生
❷158cm/50kg ❸B型
❹静岡県 ❺常葉大付属橘高★

國澤 志乃
Shino KUNISAWA
MF 30

❶1991年4月27日生
❷163cm/57kg ❸B型 ❹高知県
❺サンマリノ・アカデミー(セリエA)

稲村 雪乃
Yukino INAMURA
MF 28

❶2003年2月19日生 ❷157cm/53kg
❸O型 ❹長野県(宮田村) ❺開志学園JAPANサッカーカレッジ高等部

伊藤 めぐみ
Megumi ITO
MF 18

❶2002年4月7日生 ❷150cm/47kg
❸不明 ❹長野県(諏訪市)
❺JFAアカデミー福島

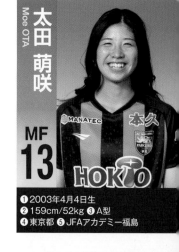

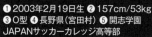

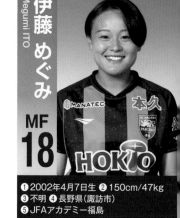

田代 久美子
Kumiko TASHIRO
監督
❶1980年11月13日生 ❹愛知県

瀧澤 莉央
Rio TAKIZAWA
FW 10
❶1996年9月30日生
❷156cm/51kg ❸B型 ❹新潟県
❺アルビレックス新潟レディース

中村 恵実
Megumi NAKAMURA
FW 9
❶2000年8月24日生
❷168cm/59kg ❸A型
❹長野県（長野市）❺常盤木高

中野 琴音
Kotone NAKANO
MF 34
❶2004年5月13日生
❷162cm/54kg
❸O型 ❹熊本県 ❺作陽高 ★

■スタッフ

坂元 要介
Yosuke SAKAMOTO
ヘッドコーチ
❶1974年1月12日生
❹京都府

歌門 大輔
Daisuke KAMON
GKコーチ
❶1977年8月13日生
❹神奈川県

池ヶ谷 夏美
Natsumi IKEGAYA
GKアシスタントコーチ
❶1990年6月14日生
❹静岡県

大滝 彩美
Ayami OTAKI
アシスタントコーチ
❶1991年10月15日生
❹東京都

小林 拓海
Takumi KOBAYASHI
トレーナー
❶1996年8月10日生
❹広島県

長濱 大祐
Daisuke NAGAHAMA
トレーナー
❶1998年5月31日生
❹東京都

前田 ふらの
Furano MAEDA
強化
❶1998年5月25日生
❹新潟県

佐野 杏花
Kyoka SANO
主務
❶2001年3月15日生
❹愛知県

■退団・移籍

池田 玲奈
Reina IKEDA
DF 25
❶1997年5月24日生
❷164cm/53kg ❸O型 ❹新潟県
❺アルビレックス新潟レディース
※23年2月、なでしこ2部ヴィアマテラス宮崎移籍

國生 乃愛
Noa KOKUSHO
DF 26
❶2002年9月18日生
❷166cm/59kg ❸A型
❹鹿児島県 ❺神村学園高
※22年12月、なでしこ1部ASハリマアルビオン移籍

村上 日奈子
Hinako MURAKAMI
MF 20
❶2000年2月16日生
❷157cm/49kg ❸A型 ❹宮崎県
❺武蔵丘短大CIENCIA
※23年1月、なでしこ1部伊賀FCくノ一三重移籍

小鍛治 旭
Asahi KOKAJI
MF 27
❶2002年8月6日生
❷161cm/46kg ❸A型
❹石川県 ❺日ノ本学園高
※23年2月、なでしこ2部FCふじざくら山梨移籍

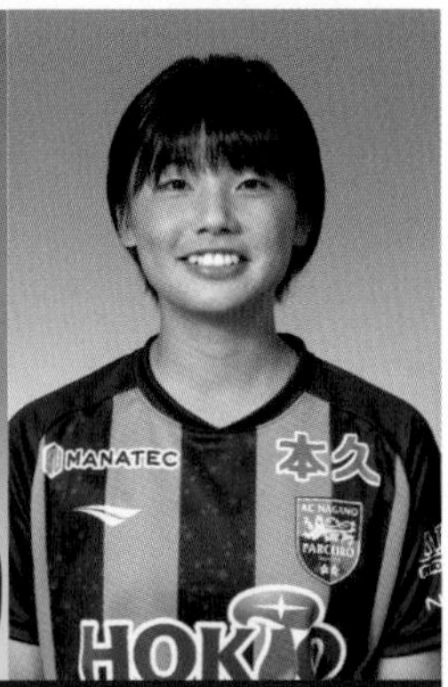

安倍 乃花
Nonoha ABE
FW 19
❶2004年3月16日生
❷171cm/59kg
❸B型 ❹大分県 ❺柳ヶ浦高

川船 暁海
Akimi KAWAFUNE
FW 11
❶2003年12月25日生 ❷160cm/55kg
❸A型 ❹長野県（長野市）
❺AC長野パルセイロ・シュヴェスター

上田 莉帆
Riho UEDA
FW 33
❶2000年9月13日生
❷165cm/53kg
❸A型 ❹神奈川県 ❺山梨学院大 ★

小澤 寛
Hiro OZAWA
FW 29
❶1998年5月18日生 ❷165cm/58kg
❸O型 ❹神奈川県 ❺ジェフユナイテッド市原・千葉レディース

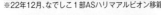

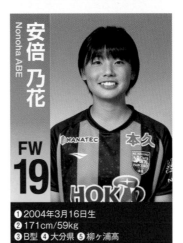

AC長野パルセイロ・レディース
2022.8▶2023.6戦績

WEリーグ順位表

順位	チーム	勝点	試合	勝	分	敗	得点	失点	得失
1	三菱重工浦和レッズレディーズ	52	20	17	1	2	50	17	33
2	INAC 神戸レオネッサ	44	20	13	5	2	35	15	20
3	日テレ・東京ヴェルディベレーザ	42	20	12	6	2	47	22	25
4	マイナビ仙台レディース	27	20	7	6	7	20	25	-5
5	サンフレッチェ広島レジーナ	24	20	6	6	8	21	27	-6
6	大宮アルディージャ VENTUS	23	20	6	5	9	22	27	-5
7	**AC長野パルセイロ・レディース**	**21**	**20**	**5**	**6**	**9**	**21**	**25**	**-4**
8	ジェフユナイテッド市原・千葉レディース	20	20	4	8	8	21	27	-6
9	ノジマステラ神奈川相模原	19	20	5	4	11	17	32	-15
10	アルビレックス新潟レディース	16	20	4	4	12	18	29	-11
11	ちふれＡＳエルフェン埼玉	16	20	5	1	14	15	41	-26

WEリーグ試合結果

節	年	月	日	HOME AWAY	結果（順位）	対戦相手
1	2022	10	23	A	○2－3（6）	三菱重工浦和
2		10	29	H	○1－2（8）	マイナビ仙台
3		11	5	A	○0－1（10）	千葉
4		11	26	H	○0－2（11）	日テレ東京V
6		12	10	H	●1－0（10）	ノジマ相模原
7		12	25	A	○0－1（10）	INAC 神戸
8	2023	1	7	A	▲0－0（10）	広島
9		3	5	H	▲0－0（9）	大宮
10		3	12	H	○0－2（9）	新潟
11		3	18	A	●3－0（9）	ちふれ埼玉
12		3	25	H	▲0－0（9）	千葉
13		4	1	A	○0－2（10）	ノジマ相模原
15		4	29	H	▲3－3（10）	広島
16		5	3	A	○0－1（10）	マイナビ仙台
17		5	7	H	●2－1（10）	ちふれ埼玉
18		5	13	A	●2－0（9）	大宮
19		5	21	A	○0－1（9）	新潟
20		5	27	H	●2－1（7）	三菱重工浦和
21		6	3	A	▲3－3（7）	日テレ東京V
22		6	10	H	▲2－2（7）	INAC 神戸

WEリーグカップ戦（グループステージ A 組）順位表

順位	チーム	勝点	試合	勝	分	敗	得点	失点	得失
1	三菱重工浦和レッズレディーズ	11	5	3	2	0	12	5	7
2	**AC長野パルセイロ・レディース**	**11**	**5**	**3**	**2**	**0**	**7**	**4**	**3**
3	ちふれＡＳエルフェン埼玉	5	5	1	2	2	6	8	-2
4	マイナビ仙台レディース	5	5	1	2	2	5	8	-3
5	大宮アルディージャ VENTUS	4	5	1	1	3	4	6	-2
6	アルビレックス新潟レディース	4	5	1	1	3	5	8	-3

WEリーグカップ戦（グループステージ A 組）試合結果

節	年	月	日	HOME AWAY	結果（順位）	対戦相手
1	2022	8	20	H	▲1－1	マイナビ仙台
2		8	27	H	●1－0	大宮
3		9	3	A	▲2－2	三菱重工浦和
5		9	19	A	●1－0	ちふれ埼玉
6		9	24	H	●2－1	新潟

皇后杯全日本選手権４回戦

1	2022	12	18	○1－3	三菱重工浦和

ドロー発進 新設のリーグカップ戦

後半16分、同点シュートを決めた稲村。仲間とハイタッチを交わして喜ぶ

2シーズン目の女子サッカーWEリーグは、2022年8月20日、新設のリーグカップから幕を開けた。１次リーグは11チームを２組に分けて１回戦総当たりで行い、各組１位が10月１日の決勝に進む日程。

初戦、Ａ組のAC長野はマイナビ仙台に1-1で引き分けた。長野は奥川、福田ゆ、菊池の新加入３選手が先発。前半はマイナビ仙台のペースで進み、23分に矢形のシュートで先制された。

後半は長野のパス精度が上がり、相手ゴールに迫る場面が増えた。16分、奥津の右クロスに逆サイドの稲村（上伊那郡宮田村出身）が左足で合わせて追い付いた。その後はカウンターの応酬となったが、得点はなかった。

田代監督「強みのショートカウンターから何度も良い形を出せた。まだまだ未完成のチーム。カップ戦を通し、選手の組み合わせやポジションなどを試していきたい」

縦に速い攻撃　今季の狙い、手応え

２季目に挑むAC長野の船出は、期待感を抱かせるものだった。白星こそつかめなかったが、後半に追い付いて引き分け。田代新監督が掲げる「縦に速い攻撃」が垣間見えた。

前半は昨季同様、中盤でボールを奪っても後ろに下げるシーンが目立った。リズムをつかめず、23分に先制を許した。

指揮官に「きれいにやろうとし過ぎるな」と送り出された後半は攻勢を強める。守備ラインの裏を狙ったスピード感ある攻撃が増え、14分には菊池のスルーパスに稲村が抜け出した。GKに防がれたが、その２分後は細かいパスをつないで右サイドの奥津がフリーに。クロスに対し、遠いサイドにいた稲村が「準備はできていた」と落ち着いて左足で押し込んだ。

昨季リーグ戦は７位。１試合平均0.75点の得点力が課題で、今季はサイドを経由する崩しを反復練習してきた。今季からＦＷに転向した稲村が結果を出すなど、前線の戦力も厚みを増す。キャプテンマークを巻いた肝付は「積み上げてきたものを出せた」と手応えを示した。

カップ戦初戦を引き分けで終え、スタンドのサポーターにあいさつをする選手たち

1次リーグ A組第2節
2022/8/27 長野Uスタジアム（HOME）

長野 **1-0** 大宮

勝ち点4

今季初白星
伊藤め公式戦初ゴール

後半36分、公式戦初ゴールを決め、笑顔で駆け出す伊藤め（左）

我慢重ねて均衡破る一発

新生AC長野が今季2戦目で初白星を手にした。我慢を重ねた末、終盤に均衡を破る一発。「選手たちが集中を切らさず戦ってくれた」と話す田代新監督の表情も自然と和らいだ。

守備ラインの背後を、ロングボールで襲われた。ただ、相手の狙いは織り込み済みで、岩下や奥川がはね返した。こぼれ球も「味方との距離感を大事にした」という肝付を中心に拾い、カウンターに転じた。

指揮官がボランチの伊藤めに「勇気を持って少し前に出よう」と指示した後半は、ゴールに迫る場面が増える。待望の瞬間は後半36分。菊池が高い位置でボールを奪い、ペナルティーエリア内の滝沢へ。相手DFに当たり、こぼれたボールを目がけて駆け上がった伊藤めは「自分が決める」。ゴールネットを揺らすと、同時にサポーターも喜びを爆発させた。出足の速いプレスでボールを奪ってからの速攻に再び手応えを得た。

大宮に勝ち、1勝1分けの勝ち点4でA組2位。AC長野は立ち上がりこそ連係ミスなどがあって攻め込まれたが、肝付や滝沢を中心にパスを回し、徐々にリズムをつかんだ。後半はプレスでボールを奪い、カウンターで攻め込む場面が増加。14分の稲村のシュートはクロスバーに阻まれたが、36分に滝沢のシュートのこぼれ球を伊藤めが左足で押し込んだ。

田代監督「自分たちのハイプレスに対し、（大宮が）ロングボールを狙ってくるのは分かっていた。守備陣がしっかりはじき返し、セカンドボールも良く拾えた。伊藤めは公式戦初ゴールで、風間と池田もWEリーグで初出場。チームにとってプラスになる勝利だ」

1次リーグ A組第3節
2022/9/3 浦和駒場スタジアム（AWAY）

長野 **2-2** 三菱重工浦和

勝ち点5

滝沢が2ゴール
攻勢耐えドロー

三菱重工浦和と引き分け、1勝2分けで勝ち点5のA組2位。AC長野は初勝利を挙げた前節から先発4人を入れ替えた。前半7分に先制を許したが、32分にカウンターから滝沢がミドルシュートを決めて同点とした。

後半18分に奥津の右クロスをゴール前で受けた滝沢が押し込んで勝ち越したものの、6分後に高橋にロングシュートを決められた。試合終了間際は相手の攻勢を防いだ。

田代監督「相手の4枚のDFに対し、サイドハーフが前に出てボールを奪いにいけなかったので、（前半の給水タイムで）修正した。選手の距離感が良くなり、前半のうちに追い付けたのは良かった。引き分けは残念だが、良いプレーはできた。個の能力が高い選手たちを相手によく戦えた」

次リーグ A組第５節
22/9/19 熊谷スポーツ文化公園陸上競技場(AWAY)

長野 1-0 ちふれ埼玉

ち点8

後半39分、先制ゴールを決めた川船

2勝目 首位浦和と勝ち点で並ぶ

ちふれ埼玉に勝って2勝2分けで勝ち点を8に伸ばし、A組2位ながら首位の三菱重工浦和と勝ち点で並んだ。

前の試合から先発を3人入れ替えた。0-0で迎えた後半は相手に攻め込まれる時間が続いたが、選手を交代しながらしのいだ。39分、DFラインの背後を狙った岡本の左クロスに反応した途中出場の川船が右足で押し込んだ。

田代監督「ハーフタイムでもっと背後を狙っていこうと指示した。選手交代でより活性化させた中、川船が得点してくれたことは良かった。次の試合に勝たないと決勝には行けないので、しっかりと準備したい」

川船（後半39分にゴール）「オカ(岡本)さんが良いボールを上げてくれた。ゴールは見えていなかったけれど、(足を)振ったら入っていた」

1次リーグ A組第6節
2022/9/24 長野Uスタジアム（HOME）

長野 2-1 新潟

勝ち点 11

3勝目で暫定首位に

前半2分、左FKを滝沢（中央）が頭で合わせて先制ゴールを決める

第6節初日、新潟に2-1で勝った。通算3勝2分けで勝ち点を11に伸ばし、2位の三菱重工浦和に勝ち点3差をつけて暫定首位に立った。

AC長野は前節からスタメン1人を変更。2試合ぶりに先発した大久保がボランチに入る4-4-2の布陣で臨んだ。

前半2分の左FKを滝沢が頭で押し込んで先制。37分には岡本がミドルシュートを決めて2-0で折り返した。後半33分に右サイドを突破されて1点を返されたが、リードを守り切った。

田代監督「前半の早い段階で得点を奪えたが、相手がシステムを変えてきた後半は守りに追われて自分たちの時間をつくれなかった。それでも（1次リーグで）毎試合得点できている内容は評価できる」

前半37分、2点目を決め、奥津（15）の祝福を受ける岡本

前半主導権、2ゴールで勝ち切る

決勝（10月1日）進出に向けて、どうしても勝利が欲しい大事な一戦で勝負強さを発揮した。AC長野は狙い澄ました先制弾を含む二つのゴールで新潟を退け、A組の暫定首位に浮上。田代監督は「課題もあったが、勝ち切れたことが良かった」と力強くうなずいた。

先制パンチが大きかった。立ち上がりの前半2分に左FKを得ると、ボールを置いた奥津が蹴ると見せかけてから福田ゆが素早くゴール前にボールを上げる。意表を突かれた新潟の守備陣の対応が遅れ、滝沢が「意思統一できていたプレー。狙い通りだった」とフリーで裏に抜けて頭でゴールネットを揺らした。37分には岡本がミドルシュートをゴール右に突き刺すなど、主導権を握った前半で勝機をたぐり寄せた。

主力の引退や移籍がありながらも、堅守からのショートカウンターを磨き、1次リーグは全5試合で得点を挙げた。岡本は「みんなゴールへの意識が高い。負けていないのも自信になる」と手応えを口にした。

AC長野L、決勝進出は逃す

WEリーグカップ第6節最終日の9月25日、1次リーグA組の三菱重工浦和がちふれ埼玉に2-0で勝った。A組は三菱重工浦和とAC長野が同じ3勝2分けの勝ち点11で並んだが、得失点差で三菱重工浦和の1位、AC長野の2位が決まった。

浦和は味の素フィールド西が丘で10月1日に行われる決勝で、B組1位の日テレ東京Vと対戦する。

初代女王は浦和

WEリーグカップの決勝は10月1日、東京・味の素フィールド西が丘で行われ、三菱重工浦和が3-3から突入した日テレ東京VとのPK戦を4-2で制し、初代女王に輝いた。浦和は0-3の後半30分から清家、安藤が立て続けにゴール。同39分に菅沢がPKを決めて追い付いた。

AC NAGANO
PARCEIRO
Since 1990
駆け上がれ、長野!!

WEリーグ 第1節 2022/10/23
埼玉スタジアム（AWAY）

長野 2-3 三菱重工浦和

勝ち点0

AC長野は三菱重工浦和に2-3で敗れ、開幕白星をつかめなかった。

4-4-2の布陣で臨んだAC長野は、前半5分、同11分と立て続けに失点した。同16分、相手守備の裏に抜け出した川船（長野市出身）が得点し、1-2で折り返した。

両者とも決め手を欠いた後半、39分に相手スローインから失点。3分後に稲村（上伊那郡宮田村出身）が敵陣深い位置でボールを奪って1点を返したものの、追い付けなかった。

リーグ開幕戦 緊張感にのまれ黒星発進

立ち上がりの硬さ突かれる

田代新監督が就任し、8～9月のWEリーグカップ1次リーグは3勝2分けだったAC長野。手応えをつかんで2季目のリーグ初戦に臨んだが、前半11分までに2点を失い、2年連続の開幕白星が遠のいた。

指揮官が「立ち上がりの硬さは想定外。敗戦の大きな原因」と嘆いたように、イレブンは開幕戦の緊張感にのまれた。

前半5分、ペナルティーエリア直前で三菱重工浦和の塩越にボールを持たれると、「普段ならあり得ないことが起きた」（田代監督）。肝付、岩下が2人そろって右サイドを駆け上がる日本代表の猶本に意識を向けてしまい、塩越にはフリーのままエリア内に入られ、得点を許した。

6分後にはペナルティーエリア内でこぼれ球の処理に手間取り、日本代表の清家に強烈なシュートをたたき込まれた。

田代監督は「開幕戦の難しさ」と選手を気遣ったが、後半39分の3失点目も岩下が相手FWとの駆け引きに負けていた。AC長野が掲げる「ショートカウンター」は守備が安定してこそ真価を発揮するだけに、この日のような球際の弱さでは不安が残る。

次節はホーム開幕戦。3失点に絡んだ岩下は「勝利を分かち合えるように良い準備をしたい」と語り、本拠地で待つサポーターのために懸命に前を向いた。上昇機運を取り戻すために、白星だけを目指す。

後半25分からピッチに入り、浦和DF石川と競り合う稲村（左）。42分にゴールを決めて1点差に迫る

田代監督「立ち上がりはガチガチに緊張し、簡単に2失点してしまった。次第に落ち着きを取り戻したものの、最後まで相手の中盤の3人をつかまえられず、狙いの形を出せなかった。（ホーム開幕戦の次節も）やってきたことを変えるつもりはない。スタッフと協力しながら（戦術を）選手に落とし込んでいく」

川船（2年連続の開幕ゴール）「守備に回る時間が多く、自分たちの攻撃ができない苦しい試合だった。完全に抜け出せたので落ち着いて決められた」

前半、相手エリアに攻め込む川船（中央）。16分、昨年に続いて開幕戦のゴールを決める

前半39分、仙台のスラジャナ（右）に２点目のシュートを許す

磨いたスタイル発揮も、ゴール遠く

２日前に１人、試合当日に３人が新型コロナ陽性判定を受け、ホーム開幕戦を迎えたAC長野。直前でメンバー交代を強いられたが、田代監督は「やるべきことは変わらないし、一緒に練習を積み上げてきている」と選手たちを送り出した。

磨いてきたスタイルは発揮できていた。２トップの滝沢と稲村を軸に積極的なプレスをかけ、相手を自由にさせなかった。滝沢が「自分たちのペースでボールを回すことができた」と振り返る立ち上がりだった。

だが、前半の２失点が重くのしかかった。10分の最初のピンチで、警戒していた仙台のFW矢形に抜け出されて先制を許すと、39分にはGK風間の不用意なファウルから与えたFKで失点。マイナビ仙台の松田監督が「相手の圧力に打ち勝てなかった。内容はほとんどついてこなかった」と吐露したほど押していただけに、失点場面だけが悔やまれた。

相手の３倍となる計15本のシュートを放つなど推進力は感じさせたが、得点は後半９分に菊池が蹴った左CKがそのままゴールに入った１点のみだった。「多く打ててはいたけれど、（距離が）遠かった。とにかく成長していくしかない」と田代監督。２試合を終えたばかりのチームは、まだまだ発展途上だ。

WEリーグ 第2節 2022/10/29
長野 Uスタジアム（HOME）

長野 **1 - 2** マイナビ仙台

勝ち点0

田代監督「結果として1-2で敗戦してしまった。前線からの守備の部分でハードワークしてくれた。90分通してうまくいっていた時間はあったけれど、得点につなげていくことができなかった部分は見つめ直していかなければいけない」

後半、シュートを放つ稲村

後半、仙台・宮沢の守りに突進を阻まれる伊藤め（右）

前半の2失点重く ホーム開幕戦を飾れず

ホーム開幕戦、AC長野はマイナビ仙台に1-2で敗れた。開幕から2連敗。

4-4-2の布陣で臨んだAC長野は、センターバックに長江が入るなど、開幕節から先発5人を入れ替えた。前半10分にDFラインの背後に抜け出されて失点すると、39分にはFKから2点目を決められた。後半は9分に菊池の左CKが直接ゴールに入り、その後も攻勢を強めて9本のシュートを放ったが追い付けなかった。

リーグ 第3節 2022/11/5
フクダ電子アリーナ（AWAY）

長野 **0-1** 千葉

ら点 0

田代監督「３連敗という結果を重く受け止めている。コロナで選手がいないというのは言い訳でしかない。崩しの精度やアイデアが足りず、失点はスローインの対応が問題だった。相手の分析を上回れるように強みを磨いていく」

コロナ感染広がる 開幕３連敗

千葉に０－１で敗れた。今季初の無得点に終わり、開幕から３連敗となった。

新型コロナウイルスの感染が拡大しているAC長野は前節から先発３人を入れ替え、４－４－２の布陣で臨んだ。前半は右サイドで主導権を握りながらシュートまで持ち込めずにいると、36分に相手シュートが味方DFの足に当たってゴールに吸い込まれた。

後半は自陣でボールを失って攻め込まれる場面もあったが、GK福田まを中心に追加点を阻止。ただ、ボール運びに苦労し、反撃できなかった。

日テレ東京Ｖに０-２で敗れ、開幕から４連敗となった。

AC長野は前節から先発６人を入れ替えた。前半６分、カウンターから小沢が放ったシュートはポスト直撃でゴールならず。その後も前線からのプレスが機能し、無失点で前半を折り返した。

後半は運動量が落ち、日テレ東京Ｖに守備網をかいくぐられた。７分に守備ラインの裏を藤野に突破されて先制を許し、その８分後にはロングボールへの対応が遅れて植木に抜け出された。

後半失速、課題は「縦の速さ」

開幕から未勝利のAC長野は、新型コロナウイルスの陽性判定を受けた主力陣が復帰。前線からのプレスの圧力が戻り、昨季３位の日テレ東京Ｖと互角の戦いを演じた。しかし、狙ったショートカウンターが決まらず、次第に勢いを失った。

滝沢、菊池の両サイドハーフを軸にしたプレスが機能し、相手DFがパスの出しどころを迷うほどだった。中盤でボールを奪う回数も少なくなかったが、「ボールを持った選手を追い越す動きが少なかった」とボランチの肝付。周囲の上がりを待つ間に奪い返され、好機をふいにした。前半を無得点で終えると、運動量が落ちた後半は個人技の高い日テレに試合を支配された。

５戦無敗だった８～９月のWEリーグカップから一転、４連敗で最下位に転落。田代監督が「課題は明確」と語るように、ボールを奪ってから手数をかけ過ぎ、指揮官が標榜する「縦に速い攻撃」を実践できていない。

次節は試合がない長野は、12月10日のホーム戦まで２週間の準備期間がある。肝付は「奪ってからの攻撃のイメージを共有し、次こそは皆さんに勝利を届ける」と決意を口にした。

後半、クロスボールに合わせる長江（中央）。惜しくも日テレ東京VのGK田中らに阻まれる

前半、シュートがゴールポストにはじかれ悔しがる小沢

WEリーグ 第4節 2022/11/26
長野Uスタジアム（HOME）

長野 **0 - 2** 日テレ東京V

勝ち点0

田代監督「新型コロナに感染した選手が復帰し、コンディションを上げて試合に臨んだが４連敗。監督として力不足を感じている。立ち上がりの守備は機能していたが、もたつく間にボールを奪い返された。守備の激しさを保つため、早めに選手を代えるべきだった」

４連敗となり、厳しい表情のAC長野Lの選手たち

強敵に守備網破られ４連敗

後半、攻め込む日テレ東京VのFW植木と競り合う奥川

ホームで歓喜の今季初勝利

ホームでノジマ相模原から今季初勝利を挙げた。開幕からの連敗は4でストップ。勝ち点3で最下位（11位）から10位に上がった。

AC長野は11月26日の日テレ東京V戦から先発2人を入れ替えた。序盤は相手のサイド攻撃を受けたが、中盤からカウンターが機能。43分に伊藤めがゴール前のこぼれ球を押し込み、先制点を決めた。

後半は4バックから3バックに変更。追加点は挙げられなかったが、滝沢を中心に相手ゴールに迫った。

ホームでのリーグ戦初勝利を喜ぶAC長野Lイレブン

前半、自陣ゴール前でボールを止める伊藤有

田代監督「やっと勝てて、選手たちの良い笑顔を見ることができた。連敗中はしんどかったが、選手たちの心は折れなかった。試合後は『ここからが始まり』と伝えた。巻き返せるように、どんな時も前を向いていきたい」

WEリーグ 第6節 2022/12/10
長野 Uスタジアム（HOME）

長野 1-0 ノジマ相模原

勝ち点3

前半43分、相手GKのこぼれ球に詰めて押し込み、先制点を決める伊藤め

心入れ替え、高めた士気

「よっしゃー」。試合終了のホイッスルが鳴り響いた瞬間、AC長野の選手は雄たけびを上げ、抱き合った。5戦目でつかんだ初勝利。全試合でフル出場を続ける奥川も「素直にうれしい」と笑みがこぼれた。

２週間ぶりの試合となったAC長野。パス主体で前がかりだったノジマ相模原の背後を狙い続けた。前半43分、左サイドの岡本がゴール前に走り込む伊藤め（諏訪市出身）にスルーパス。そこからボールを受けた滝沢が放ったシュートはバーに当たったが、伊藤めは「最後はゴール前にこぼれる」。跳ね返りを押し込み、今季初の先制点を挙げた。後半はサポーターの拍手も追い風にし、１点を守り抜いた。

10月下旬に新型コロナウイルスがチームを直撃。主力級の離脱で戦術への理解を深められなかった。開幕から約１カ月半も白星に恵まれず、伊藤めは「雰囲気も少し悪かった」と明かした。

ただ、開幕直前に「厳しいときにこそ自信を持てる声がけを」と語っていた田代新監督は、苦境でも前向きな言葉を選手にかけ続けた。試合直前には主将の大久保が選手を集め、「心を入れ替えて勝つためにやるんだ」とげきを飛ばし、チームの士気を高めて年内最後のホーム戦に臨んだ。

試合後、選手たちはラインダンスでサポーターと喜びを分かち合った。「この喜びを、もっと仲間、サポーターと一緒に味わいたい」と奥川。言葉に力強さが宿った。

皇后杯 4回戦　2022/12/18　カンセキスタジアムとちぎ

長野（WEリーグ）　1-3　三菱重工浦和（WEリーグ）

前回覇者に序盤2失点重く

前回優勝の三菱重工浦和に1-3で敗れた。前半5分に日本代表の猶本に先制ゴールを許し、同18分に追加点を奪われた。前半終了間際の奥津のゴールで1点差で折り返したものの、後半15分の失点で再び突き放された。

奥津「前半は守備がはまらず、早い時間帯に2失点。自分たちのゲームプランが崩れた。試合を通して球際も相手に上回られた。ロングシュートは自分のストロングポイント。決まって良かった」

前半終了間際、奥津（左）がロングシュートを決め、1点差に迫る

大宮と0-0で引き分けた。通算1勝2分け5敗で、勝ち点を5とし、順位を10位から9位に上げた。

AC長野は新加入の榊原が初出場するなど、前節（1月7日）から先発を2人入れ替えた。テンポよくパスを回し、両サイドを起点に攻撃を組み立てた。後半3分に榊原が左足で放ったシュートは左に外れ、27分には滝沢のミドルシュートがクロスバーに直撃するなど最後までゴールを割れなかった。

初の声出し応援、待ち遠しい2勝目

約2カ月の冬季中断を経て、再開されたリーグ戦。AC長野は決定機をつくりながらも仕留めることができず、今季2勝目を挙げることはできなかった。

その中で存在感を示したのが、中盤の左でフル出場した新加入の榊原だ。持ち前のスピードを生かしてゴール前まで攻め上がり、前半40分には右クロスに反応。後半3分にはゴール前で相手を引きつけた滝沢からパスを受けて左足で狙ったが、ゴール左に外れ「前半はちゃんと打ち切れなかったし、後半は技術が足りなくて枠に飛ばすことができなかった」と悔しがった。

新型コロナウイルス下の2021年9月に開幕したリーグで、マスク着用ながらも初めて声出し応援が実施された今節。田代監督が「良い雰囲気の中で試合ができた」と言えば、「声援が活力や原動力になると再確認できた」と主将の大久保。後押しを続けるサポーターに早く白星を届けたい。

田代監督「（リーグ戦が）再開した初戦。勝ち点3を取ることに照準を合わせて練習を積み上げてきたが、勝ち点1しか取れなくて非常に残念だった。ゴール前での崩しやフィニッシュの精度を高めていかないといけない」

前半、攻め込む大宮の鮫島（中央）からボールを奪いに行く滝沢（左）と大久保（右）

WEリーグ 第7節 2022/12/25
ノエビアスタジアム神戸（AWAY）

長野 0-1 INAC神戸

勝ち点3

決め手欠き、終盤に決勝点許す

INAC神戸に敗れ、通算1勝5敗。勝ち点3で順位は10位のまま。

AC長野は前節から先発3人を入れ替えた。前半は決め手を欠いて0-0で折り返した。後半も岩下らを中心に守っていたが、42分に相手がゴール前に送ったパスが長江に当たってオウンゴールとなり、これが決勝点となった。

田代監督「勝ち点を挙げることができず、残念に思う。最低でも勝ち点1を奪って帰りたかった。選手たちは最後まで走って戦い、ハードワークしてくれた。ボールを奪ってからの攻撃が課題で、日々のトレーニングの積み重ねを大事にしたい」

WEリーグ 第8節 2023/1/7
広島広域公園第一球技場（AWAY）

長野 0-0 広島

勝ち点4

決めきれず、無得点ドロー

広島と0-0で引き分け、通算1勝1分け5敗の勝ち点4で、順位は暫定10位。

AC長野は前節から先発2人を入れ替えた。前半20分、奥津の右クロスを伊藤めが頭で枠内に押し込んだものの、相手DFに阻まれた。後半には滝沢や稲村のドリブル突破などで相手ゴールに迫りながらも無得点だった。守備は危ない場面もあったがしのいだ。

田代監督「サイドで攻撃の起点をつくり、相手の背後を突いていくプランで臨んだ。ハードワークをして失点をしなかったことは評価できるが、チャンスを決めきれなかった部分が課題。シュートを決めることやボールを奪うことに対し、個々の質を向上させていきたい」

WEリーグ 第9節 2023/3/5
長野Uスタジアム（HOME）

長野 0-0 大宮

勝ち点5

後半、決定機に放ったシュートがゴールを外れ、悔しがる榊原（中央）

新戦力躍動するも、決定機逃す

前半、必死にゴールを守る大久保（左から２人目）ら守備陣

パスの精度欠き、最下位に完敗

4戦無得点、修正待ったなし

今季初勝利を喜ぶ新潟イレブンを横目に、AC長野の選手たちはがっくりと肩を落とした。最下位相手に完敗し、田代監督は「勝ち点3が欲しかった試合で非常に残念な結果」と声を落とした。

前節まで3試合連続無得点で、総得点4はリーグ最下位。「得点にこだわって」(田代監督) 臨んだものの、またもゴールを奪えなかった。

序盤は長野ペース。しかし、自陣右サイドを突破されるシーンが増えると、中盤の右に入った菊池の位置取りが後退した。カウンターに人数をかけられなくなり、主導権は新潟に移った。

新潟の勢いにのまれ、「絶対に負けてはいけない球際で負けた」とGK伊藤有。後半の12、15分と立て続けに新潟のエース道上にゴールを決められた。

リーグ戦中断期間中に突破力のある榊原が加入。両サイドからの攻撃に磨きがかかり、好機はつくれているがゴールが遠い。前節はバー、今節はポストにシュートが直撃したFW滝沢は「強いチームなら確実に決めている。それが違い」。田代監督は「決定力がないなら(好機の) 数を増やすしかない。下を向いている暇はない」と修正を急ぐ。

後半12分、新潟・道上(中央)にヘディングで先制のゴールを許すAC長野の守備陣

WEリーグ 第10節 2023/3/12
長野Uスタジアム（HOME）

長野 0-2 新潟

勝ち点5

後半から入った川船（中央）がドリブル突破を試みる

田代監督「監督として大きな責任を感じる。前半途中から右サイドが下がり気味になり流れを失った。失点も（守備で）ミスがあった。巻き返すため、今までやってきたことを信じて戦っていく」

最下位の新潟に0-2で敗れた。通算1勝2分け6敗。勝ち点を増やせず、順位は9位のまま。

AC長野は前節から先発3人を入れ替えた。序盤は左サイドの榊原らを中心に主導権を握ったものの、前半途中からパスの精度を欠いた。

後半12分にCKから道上にゴールを許すと、3分後に再び道上に決められた。その後も滝沢のシュートがゴールポストにはじかれるなど、好機を生かせなかった。

後半、相手ゴール前で浮いた球を奪い合う長江（左）

前半終了間際、奥津のフリーキックに合わせた大久保がゴールを決め、2-0で折り返す

WEリーグ 第11節 2023/3/18
熊谷スポーツ文化公園陸上競技場（AWAY）

長野 3-0 ちふれ埼玉

勝ち点8

3発決めて 5試合ぶり白星

ちふれ埼玉に3-0で快勝し、5試合ぶりの白星を挙げた。通算2勝2分け6敗で勝ち点8としたが、順位は9位のまま。

AC長野は前半9分に榊原がペナルティーエリア左からのシュートを決めて先制。前半終了間際には奥津のFKに大久保が右足で合わせた。

後半は攻め込まれる場面が増えたが、33分に敵陣の深い位置でボールを奪った小沢がそのままゴールを決めて突き放した。

田代監督（5試合ぶり勝利）「苦しい時間が続いていたが、全員が下を向かずに前を向いてやり続けた結果。うれしいの一言。榊原の1点目でチームが勢いに乗り、2点目もいい時間帯に取れた。ホームで勝ち点3を取るために、次節に向けてしっかり準備したい」

榊原（リーグ戦初得点）「やっと決められた。ドリブルも含め、今までで一番手応えがあった。もっと点を取って、チームの勝利に貢献したい」

後半33分、3点目を決め、大久保（左）に祝福される小沢

前半9分、シュートを打つ榊原。自身リーグ初得点となる先制ゴールを決めた

後半、シュートを放つ滝沢（中央）。相手ゴールキーパーに阻まれて得点ならず

千葉に0-0で引き分けた。通算2勝3分け6敗で勝ち点9としたが、順位は9位のまま。

AC長野は5試合ぶりの白星を挙げた前節と同じメンバーが先発。前半は出だしからプレス守備が機能して千葉に得点機を与えなかったが、パスの精度を欠いてシュートは1本にとどまった。

後半は主導権を握り、滝沢や榊原を中心に相手ゴールに迫ったが、26分の滝沢のシュートがクロスバーに阻まれるなど1点が遠かった。

田代監督「ホームで勝ち点3が目標だったので非常に残念。後半は良い戦いができたが、決めきる力が足りなかった。われわれ（首脳陣）は得点の方法を考えないといけないが、選手も個の質をもっと高めてほしい」

攻撃に人数かけても守備崩せず

前節はちふれ埼玉に3-0で快勝し、5試合ぶりに白星を挙げたAC長野。得点力不足で下位に沈む現状からの脱却を狙う田代監督は試合前、「今節で無得点なら元の状態に戻る。得点して勝ち点3を取り、勢いに乗りたい」と話していた。しかし、またもゴールが遠かった。

後半は完全に主導権を握った。中盤左で先発した榊原を前線右に移し、ペナルティーエリア付近の攻撃が増加。ただ、5バックで守りを固めた千葉のゴール前に侵入できなかった。FW滝沢は「相手を脅かすシュートはなかった」と認めた。

攻撃に人数をかけようと、12月の第6節から3バックに変更したが、得点力は低調なままだ。この日も守備陣形を崩せず、相手が密集する場所で仕掛けて好機をふいにした。

ここ5試合で4度目の無失点と、守備陣は相手の攻撃をはね返し続けている。滝沢は「抑えてくれている仲間に申し訳ない。次こそ得点を取る」と覚悟を示した。

前半、千葉DFと競り合う奥川（左）

長野 0-0 千葉

勝ち点9

決定力欠き、連勝逃す

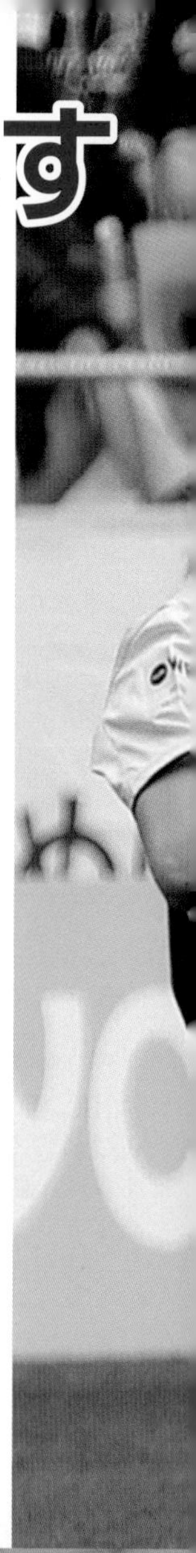

後半、奥津（右）の枠をとらえたシュートが千葉GK清水にはじかれる

後半、再三の得点機をものにできないまま引き分けに終わり、肩を落とすAC長野レディースの選手たち

Eリーグ 第13節 2023/4/1
相模原ギオンスタジアム（AWAY）
長野 0-2 ノジマ相模原
勝ち点9

ミス突かれ後半相次ぎ失点 10位に後退

後半開始から入った太田。相模原の守備の隙間から突破を図る

ノジマ相模原に敗れ、通算２勝３分け７敗の勝ち点９で、順位は９位から10位に下がった。

AC長野は前節から先発３人を入れ替えた。前半序盤はカウンター主体で主導権を握ったが、15分の伊藤めのシュートはクロスバーに阻まれた。

後半は一進一退の攻防が続き、５分のピンチはGK伊藤有がセーブ。しかし、39分にPKを決められ、２分後にも追加点を許した。

田代監督「「相手のやりたいことは消せていたが、ショートカウンターの精度を欠いた。ミスが目立つ内容だった。（ボランチの肝付をDF起用）失点に絡んで本人は悔しそうだったが、起用した自分の責任。１対１の対応などで良さも出してくれた」

５試合ぶりの先発で、果敢に攻め込む稲村

前半、左足でゴールを狙う滝沢。37分に続き45分にもシュートを決めた

前半、広島のMFと激しく競り合う大久保(左)

守備の裏突かれ、流れ逃す

得点力に改善の兆しが見えた一方、後半の立ち上がりの連続失点で白星を逃したAC長野。勝ち点1を積み上げたが、主将の大久保は「きょうは勝ち点3を取りたかった」と後悔が先立った。

前半途中に3バックから4バックに変更。「距離を取り、奪った後の相手の寄せをかわす」(田代監督)との狙い通り、カウンターの好機で突破力のある中盤左の榊原にパスが通った。37分に榊原のクロスから滝沢が同点弾を決め、43分に伊藤めがロングシュートを沈めた。2分後には滝沢が深い位置から浮かせたシュートでゴールネットを揺らした。

ただ、後半5、11分、高くなっていた最終ラインの裏にパスを通され、広島の中嶋に連続得点を許した。大久保は「速い帰陣と最後まで食らいつくこと、これは自分たちがやり続けないといけないこと」と悔やんだ。

無失点試合では得点できないなど、かみ合わない。3試合ぶりの勝利を逃し、田代監督は「少しでも順位を上げたい。勝つには流れをつかむ力も必要」と語った。

田代監督「立ち上がりはボールを奪っても良い形はつくれていなかったので、システムを変えて3点を奪えた。ただ、後半最初の決定機を逃してから立て続けに2失点。悔しい結果になった。(前半限りで退いた2得点の滝沢は)前半途中のけがの影響があった」

WEリーグ 第15節 2023/4/29
長野 Uスタジアム(HOME)

長野 3-3 広島

勝ち点10

広島と3-3で引き分けた。通算2勝4分け7敗の勝ち点10で、順位は10位のまま。

AC長野は1点を追う前半37分、榊原のクロスに滝沢が合わせて追いついた。同43分に伊藤め、その2分後には滝沢がロングシュートを決めて2点を勝ち越した。

しかし、後半5、11分に守備陣の裏への突破から崩され、広島の中嶋に立て続けにゴールを奪われて追いつかれた。終盤はAC長野が主導権を握ったが、得点できなかった。

後半に連続失点、2点リード守れず

前半、ゴール狙って右足を振り抜く榊原(中央)

後半11分、同点ゴールを奪われ、悔しそうな表情の伊藤有(左)と太田(右)

前半43分、勝ち越しゴールを決めた伊藤め(中央・背中)と抱き合って喜ぶ滝沢(右)、奥津(左)ら

リーグ 第16節 2023/5/3
ユアテックスタジアム仙台（AWAY）

長野 **0-1** マイナビ仙台

ち点 10

終盤の失点で敗れる

マイナビ仙台に0-1で敗れた。通算2勝4分け8敗の勝ち点10で、順位は10位のまま。
AC長野は上田が初先発。前半は奥津や伊藤めがペナルティーエリア内でシュートを放ったが、枠を捉えられなかった。後半18分に滝沢のゴール手前からのシュートがGKに阻まれると、同39分に交代出場直後の仙台の広沢にゴールを奪われた。

田代監督「（須藤新監督が１日に就任した）マイナビ仙台のメンバーが変わることは予測していたが、戦い方が大きく変わることはないと思っていた。しっかり準備したものの、終盤の失点で敗れたのは残念。ボールを奪うだけでなく、得点にどうつなげていくかが課題」

炎の逆転劇　５試合ぶり勝利

WEリーグ 第17節 2023/5/7
長野Uスタジアム（HOME）

長野 2-1 ちふれ埼玉

勝ち点13

後半22分、右足で勝ち越しゴールとなるシュートを放つ奥津

ちふれ埼玉に2-1で逆転勝ちした。5試合ぶりの白星で、通算3勝4分け8敗の勝ち点13とした。順位は10位のまま。

AC長野は前半4分、埼玉のスルーパスに守備の対応が遅れ、吉田に先制ゴールを許した。榊原のドリブルや上田のポストプレーを起点に攻め上がったものの、ゴールを奪えないまま前半を終えた。

後半は4バックに変更。18分にペナルティーエリア内のこぼれ球を奥津がたたき込むと、その4分後には交代直後の川船のクロスから再び奥津がシュートを決め、試合をひっくり返した。

今季リーグ初得点の奥津が2ゴール

0-1で迎えた後半、AC長野の奥津は闘志を燃やしていた。「ふがいない成績なのに雨でも駆けつけてくれたサポーターに勝利を届ける」。好機のたびに右サイドバックから駆け上がった。

後半18分、ペナルティーエリア内でこぼれ球に反応し、左足を一閃。バーに当てながらもゴールネットを揺らした。「チャンスをつくり続けてくれた仲間たちにようやく応えられた」。今季リーグ初得点で肩の荷が下りたのか、4分後には川船の左クロスに右足を合わせた。

シーズン終盤にきて、ようやくAC長野の攻撃がかみ合うようになった。4月29日の広島戦で3得点。3日の前節はマイナビ仙台に0-1で敗れたものの、得点機は相手を上回った。

U-19（19歳以下）日本代表の榊原と周囲の連係が向上し、1月に加入した上田のポストプレーも戦術に幅をもたらしている。その一方で指揮官は「左足の精度を上げる狙い」で奥津を左サイドでも起用。左足で決めた同点弾はその成果が実った格好だ。

今季は残り5試合。一つでも上位でのフィニッシュを目指し、主将の大久保は「もう一段ギアを上げる」と力強く宣言した。

田代監督「立ち上がりの失点でどうなるかと思ったが、選手たちは勝利への強い気持ちがあった。後半は3バックから4バックに変え、途中出場の奥津が2得点。彼女に求める役割を果たしてくれた。サポーターと笑い合うことができて良かった」

今季リーグ初得点に続き、逆転弾を決めた奥津（左）。ベンチに向かって滝沢（中央）、川船（右）らと祝福に応える

Eリーグ 第18節 2023/5/13
NACK5スタジアム大宮（AWAY）

長野 **2-0** 大宮

ち点 16

2発決め、今季初の連勝

大宮から２点を奪って無失点で守り、今季初の連勝を飾った。通算４勝４分け８敗の勝ち点16とし、順位は暫定９位。

AC長野は前節から先発２人を入れ替えた。前半は大宮にシュートを打たせない堅い守りで主導権を握り、後半１分に相手ペナルティーエリア手前でボールを奪った滝沢のミドルシュートで先制した。同39分に長江のリーグ戦初得点で突き放した。

田代監督（２試合連続の複数得点）「２得点し、無失点で終われたことは非常に評価できる。選手たちが90分間ハードワークしてくれたので、素晴らしい結果を得られた。中断期間中の練習で、攻められるかどうかの判断力を磨いてきた。この２試合は攻め急ぐことなく、横の幅も使いながら別の入り口（攻め手）を探すことができている」

後半28分から出場し、リーグ戦初得点を決めた長江。両手を突き上げて喜びを表す

©WE LEAGUE

WEリーグ 第19節 2023/5/21
デンカビッグスワンスタジアム（AWAY）

長野 **0-1** 新潟

勝ち点 16

新潟に敗れ、連勝は２で止まった。通算４勝４分け９敗の勝ち点16で、順位は９位のまま。

AC長野は前半７分、左FKを新潟の三浦に頭で押し込まれて先制を許した。その後はボールを保持する時間帯が長かったが、ゴールを奪えなかった。後半はサイド攻撃を中心に７本のシュートを放ったものの、精度を欠いて得点できなかった。

田代監督「新潟の５バックをどう崩すかがポイントだった。前半立ち上がりのバタバタしていた時間帯で相手にFKを与え、先制点を与えてしまったのは痛かった。最後まで、サイドからのクロスでチャンスをうかがったが、相手GKに取られた。その精度を高めていく必要がある」

ドリブルで攻撃を仕掛ける川船

序盤に先制許し、連勝ストップ

FWで先発４戦目、ポストプレーで攻撃の起点となった上田

後半23分、相手守備の隙間を縫うミドルシュートで同点ゴールを決めた大久保(中央)。すぐさまベンチに駆け寄る。日本代表・猶本(右)らの攻撃も守備陣が抑えた

首位浦和から勝利もぎとる

終了の笛が鳴った直後、初優勝が決められず落胆する浦和イレブンの横で、劇的な逆転勝ちに歓喜の大久保(左)とGK伊藤有(右)ら

三菱重工浦和に2-1で逆転勝ちした。AC長野は通算5勝4分け9敗の勝ち点19とし、9位だった順位を7位に上げた。

長野は前半11分、三菱重工浦和の島田に先制点を許した。その後をGK伊藤有の好セーブなどで耐えると、後半23分に大久保のミドルシュートで追いついた。終盤は攻勢を強め、同45分に鈴木の公式戦初ゴールで勝ち越した。

首位の三菱重工浦和は勝てば初優勝が決まったが、第21節以降に持ち越した。

劇的ゴール、執念で逆転

初優勝目前の三菱重工浦和を相手に、AC長野が執念で逆転勝利をもぎ取った。今季開幕戦と皇后杯全日本選手権の雪辱を果たし、主将の大久保は「何度も同じ相手に負けられない」と誇らしげだった。

0－1の後半23分、右サイドの榊原からパスを受けた大久保が右足を振り抜いた。ゴールまで距離はあったが、「コースは見えていた」。地をはうシュートでネットを揺らすと、22日に今季限りの退任が発表された田代監督に走り寄り、抱きついた。「監督に何かを残してあげたかった」という恩返しのゴールで、流れは一気にAC長野へと傾いた。

試合終了間際には、滝沢の左クロスに「『来い!』と願っていた」という鈴木がゴール前で反応した。元日本代表のDF安藤の前に入り込み、プロ2年目で初得点。首位を快走する三菱重工浦和に13試合ぶりの土を付け、今季一番の歓声がスタジアムを包んだ。

U-19(19歳以下)日本代表の榊原は「日本代表選手がいる浦和と1対1の勝負がしたい」と積極的にドリブルを仕掛け、守備陣も激しく体を寄せて追加点を阻止。田代監督が訴えてきた「チャレンジを楽しむ」の精神で、残り2試合も勇猛果敢に戦う。

田代監督「選手が諦めずに戦い続けてくれた結果であり、チーム全員の勝利。心が震えるゲームだった。前半の途中でプレスがかからなくなり、ハーフタイムで『(体力が)もたなくてもいいから前からいこう』と伝えた。選手の成長のため、残り2試合も勝ち点3を取るためのチャレンジをする」

三菱重工浦和・楠瀬監督「いつか止まると思っていたAC長野の厳しいマークが最後まで続き、攻撃陣が疲れてしまった。(勝てば初優勝の)難しい状況だったが、そこを突いてきた長野は良いチーム。悔しくてたまらない」

WEリーグ 第20節 2023/5/27
長野Uスタジアム（HOME）

長野 **2-1** 三菱重工浦和

勝ち点 19

後半45分、勝ち越しの公式戦初ゴールを決め、アシストの滝沢（10）に抱きつく鈴木（左）

WEリーグ　第21節　2023/6/3
味の素フィールド西が丘（AWAY）

長野 **3-3** 日テレ東京V

勝ち点20

終盤に同点弾、しぶとく勝ち点つかむ

後半44分、滝沢からの縦パスを受け、ゴール前に攻め上がる鈴木。巧みに相手GKをかわし同点弾を決める

アウェーで日テレ東京Ｖと３-３で引き分けた。３度リードを許す展開だったが、１点を追う後半４４分に鈴木のゴールで追いつく粘りを見せて勝ち点１をつかんだ。勝ち点２０で７位のまま変わらない。

この日、さいたま市の浦和駒場スタジアムで首位の三菱重工浦和が大宮を４-０で下し、勝ち点４９で１試合を残して初優勝を決めた。初開催のＷＥリーグカップとの２冠を達成した。

田代監督「格上相手に勝ち点１を狙うのではなく、勝ち点３を取りにいこうと試合に臨んだ。結果として引き分けだったが、チーム全体でハードワークし、長野らしい戦いを見せられた。選手個々の自信と成長につながる試合内容だった」

前半19分、滝沢（左から３人目）のゴールで１-１の同点に追いつく

最終戦、自信のプレーで主導権

前半28分、左サイドから鋭い切り返しで相手のマークを外し、先制ゴールを決めた菊池

2位神戸と互角以上、集大成のドロー

今季最終戦でAC長野が2位のINAC神戸と互角以上の戦いを繰り広げた。勝利で締めくくることはできなかったが、今季のホーム戦最多となる1807人の観客に1年間の集大成を示した。

試合は終始、AC長野のペース。前半28分にペナルティーエリア内でパスを受けた菊池は鋭い切り返しから右足を振り抜き、古巣相手に先制点を挙げた。1－1の後半22分には滝沢のクロスに榊原が反応。相手DFとの競り合いを制し、空中で右足を合わせた。

昨季と同じ7位で「6位以内」との目標は果たせなかった。ただ最後の3連戦は、優勝した三菱重工浦和を破り、日テレ東京Vとは引き分け、INAC神戸戦も内容は上。リーグの「3強」と渡り合い、主将の大久保は「組織で戦えば上位に勝てる」と若手主体のチームは確かな自信を得た。

絶対的エースの不在で得点不足に悩まされる中、田代監督はショートカウンターを中心とした戦術を浸透させた。4月の約4週間の中断期間では攻撃の組み立てを主眼に置いて練習した。ラスト3試合で計7得点と最後に成果を示した。22歳の上田やU-19（19歳以下）代表の榊原が1体1の仕掛けから好機を演出するなど、主力格の若手は個の力も伸びている。

田代監督は今季限りで退任するが、選手の大半は残留の見込みだ。試合後のセレモニーで大久保は「満席のUスタで試合がしたい。そのために選手一人一人は努力しないといけない」と語った。積み上げた経験と自信を来季につなげる。

今季最終戦となる第22節、INAC神戸と2－2で引き分けた。最終成績は通算5勝6分け9敗の勝ち点21で、順位は昨季と同じ7位だった。

AC長野は距離感の良いパス回しで主導権を握り、前半28分にペナルティーエリア内で伊藤めからのパスを受けた菊池が先制点。1－1の後半22分には滝沢のクロスに榊原が右足を合わせて勝ち越した。しかし、32分に中途半端なクリアを神戸に奪われて失点。終盤の榊原のシュートは相手GKに防がれた。

田代監督（今季限りで退任）「集大成と考えれば素晴らしいゲーム。選手も自信に満ちあふれたプレーをしてくれた。（強豪相手の3連戦は）1年間やってきたことがどんどんできるようになり、楽しい期間だった。（AC長野は）若い選手が多い。矢印を外ではなく常に自分の方に向け、向上していってほしい」

肝付（後半途中から出場。今季限りで引退）「自分を迎え入れてくれた長野でキャリアを終えたかった。頼りになる後輩たちなので期待している。（仲の良い）榊原には試合を見て思うことがあれば連絡したい」

WEリーグ 第22節 2023/6/10
長野Uスタジアム（HOME）

長野 2-2 神戸

勝ち点21

後半22分、勝ち越しゴールを決め、アシストの滝沢（10）と喜び合う榊原（左）。右は上田

後半22分、滝沢の左からのクロスに空中で右足を合わせ、シュートを決める榊原

後半、至近距離からの相手シュートを止めるGK伊藤有（左）

2022
6

奥川と成田が仙台から加入

17日、ともにマイナビ仙台のDF奥川千沙(26)とMF成田恵理(24)が移籍加入すると発表した。

愛知県出身の奥川は、静岡・藤枝順心高から早大を経て前身の仙台に加入し、今季は7試合出場無得点。茨城県出身の成田は、宇都宮文星女高から神奈川大を経て加入。けがの影響もあり、今季は出場がなかった。

クラブを通じ、奥川は「仙台で得た多くの経験をチームのために出し切りたい」、成田は「長野のために全身全霊でプレーします」とコメントした。

長江と菊池が神戸から加入

20日、INAC神戸のDF長江伊吹(20)とMF菊池まりあ(20)が移籍加入すると発表した。

富山県出身の長江は静岡・藤枝順心高からINAC神戸に加入し、今季は4試合出場無得点。2018年のU―17(17歳以下)女子ワールドカップ(W杯)メンバーに選ばれている。宮崎県出身の菊池は鹿児島・神村学園高からINAC神戸に加入し、今季は2試合出場無得点だった。

WEリーグ、10月22・23日開幕を発表

WEリーグは22日、理事会を開き、2季目となる2022~23年シーズンの日程を承認した。10月22日か23日に開幕し、23年6月10日か11日までの22節で、AC長野など11チームが2回戦総当たりで戦う。1月上旬から約2カ月間は冬季中断期間を設ける。

また、来季からカップ戦を新設することも決めた。リーグ開幕前の8月から10月上旬に実施する方向で調整している。

初年度の総括を行った野仲賢勝専務理事はリーグ戦の入場者数が1試合平均1560人にとどまったことに触れ、来季は「試合数を増加させ、観客数の底上げに取り組むこと」を目標に掲げた。

千葉FWの小沢が加入

23日、千葉のFW小沢寛(24)が移籍加入すると発表した。神奈川県出身。千葉の下部組織から2015年からトップチームでプレーし、今季は2試合出場無得点だった。

仙台から福田姉妹が加入

28日、マイナビ仙台の双子の姉妹のMF福田ゆい(24)とGK福田まい(24)が移籍加入すると発表した。

愛知県出身で、ともに静岡・藤枝順心高出身。姉のゆいはINAC神戸と仙台でプレーし、今季は8試合出場無得点だった。まいは日体大と仙台でプレーし、今季は出場がなかった。2人は日本が初優勝した2018年のU―20(20歳以下)女子ワールドカップ(W杯)フランス大会代表メンバー。

2022
7

新体制発表、新加入7人含む30人

1日、2022~23年シーズンのチーム体制を発表した。選手は7人の新加入を含む30人。田代久美子新監督の下、10月に開幕する2年目のシーズンに臨む。

チームの平均年齢は22・7歳。昨季の始動時は22・1歳だった。

また、契約満了で退団が決まっていたDF藤田理子(24)が、なでしこリーグ1部の伊賀FCくノ一三重に移籍が決まったと発表した。

田代新監督「胸を打つ試合を」「若手の長所、最大限に」

田代久美子新監督(41)が2日、長野市の長野Uスタジアムで就任会見に臨んだ。昨季の7位を上回る6位以上を目標に掲げ、「(見ている人の)胸を打つ試合をしたい」と決意を語った。

1月からヘッドコーチとして小笠原唯志前監督(52)の下で強化に携わった。「前線からの守備や90分間の運動量は強み」とした一方、得点力を課題に挙げて「狙いを共有させ、コンビネー

ションやセットプレーの質を高めたい」と話した。

今季主将は大久保

3日、4季目のMF大久保舞(25)が今季の主将に決まったと発表した。副主将はDF肝付萌(25)とDF長江伊吹(20)が務める。

長江、U－20代表合宿に選出

日本サッカー協会は4日、U－20(20歳以下)女子日本代表候補合宿に参加するメンバー25人を発表し、AC長野のDF長江伊吹(20)が選ばれた。合宿は千葉市で7～11日に実施。同代表は8月にU－20女子ワールドカップ(W杯・コスタリカ)に出場する。

新設のWEリーグカップ戦、日程を発表

WEリーグは8日、新設のリーグカップを8月20日から開催すると発表した。全11チームを2組に分けて1回戦総当たりの1次リーグを行い、各組1位が10月1日の決勝に進む。

5月に1シーズン目が終わったWEリーグは試合数の少なさが課題だったため、カップ戦が新設された。

大河内が石川に移籍決定

11日、契約満了で退団が決まっていた大河内友貴(21)の移籍先が、北信越女子リーグのリリーウルフF石川に決定したと発表した。

U－20女子W杯代表に長江を選出

日本サッカー協会は12日、8月10日に開幕するU－20(20歳以下)女子ワールドカップ(W杯)コスタリカ大会の日本代表に、AC長野のDF長江伊吹ら21人を選んだと発表した。

新型コロナウイルスの影響で2020年大会が中止されており、18年大会で初優勝した日本は2連覇を目指す。

2022
8

「挑戦楽しむ」新ユニホーム

5日、2022～23年シーズンのホームゲーム用ユニホームのデザインを発表した。クラブカラーのオレンジとネイビーを基調にストライプで力強さを表現。ネイビーのストライプ部分は「満天の星」をイメージし、長野らしさとチャレンジを楽しむ姿勢を表したという。

WEリーグ 第1～8節の日程を発表

WEリーグは17日、2022～23年シーズンの第1節～第8節の日程を発表した。AC長野パルセイロ・レディースは10月23日午後2時からアウェーで三菱重工浦和との開幕戦に臨み、同29日午後2時から長野Uスタジアムでのホーム開幕戦でマイナビ仙台と対戦へ。

未来のなでしこ ブラジル破り決勝へ

サッカーのU－20(20歳以下)女子ワールドカップ(W杯)コスタリカ大会は25日、サンホセで準決勝2試合が行われ、2連覇を目指す日本はブラジルを2－1で下し、28日(日本時間29日)の決勝に進出した。主将を務める長江はフル出場し、勝利に貢献した。

たくましく成長、日本準V

U－20女子W杯コスタリカ大会は28日、サンホセで決勝が行われ、日本はスペインに1－3で敗れた。初優勝した前回2018年フランス大会に続く2連覇はならなかった。スペインは初制覇。主将の長江は先発出場し、前半で退いた。チーム最多4ゴールを挙げた浜野(INAC神戸)が大会の最優秀選手に選ばれ、日本はフェアプレー賞を受賞した。

2022
9

長江「自分の長所も世界で通用」「試合経験し成長したい」

サッカーのU－20女子W杯コスタリカ大会で準優勝した日本代表で主将を務めたAC長野の長江伊吹が1日、長野市内で信濃毎日新聞の取材に応じ、「準優勝は誇らしい結果。自分の長所も世界で通用した」と大会を振り返った。

1次リーグは米国などに3連勝し、決勝トーナメントでフランス、ブラジルを破った。決勝はスペインに1－3で敗れたものの、「チームの

一体感はどの国にも負けていなかった」。勝ち上がっていくにつれて、日本代表への声援が大きくなっていったという。

センターバックで出場。空中戦で当たり負けしなかった。主将としては「自分が年下だった時は『先輩の足を引っ張らないように』と思って硬くなった。今大会は年下が多く、彼女たちが伸び伸びできる環境づくりを大切にした」と振り返る。

唯一の後悔は前半で3失点した決勝だ。「緊張して周りが見えなくなった」。パス回しでリズムをつくれず、前半限りで交代した。将来のフル代表入りを目指す20歳は「スペインは決勝で楽しそうだった。（自身は）精神面が今後の課題。国内で試合を経験し、成長したい」と力を込める。大会期間中にSNSで届いたサポーターからのメッセージは、すべてに目を通した。「力になった。これから結果で恩返ししたい」と決意を新たにしている。

長江、気持ち新た　AC長野Lに合流

長江が6日、AC長野の練習に合流した。帰国後は自宅で休養に充てたものの、この日の練習は「質も高くてきつかった」。ただ、鋭い寄せでボールを奪うなど、実力の片りんを示した。

田代監督は別のポジションでの起用も視野に入れているとし、「競争に勝ってレギュラーを奪ってほしい」と期待。長江は「試合の経験を積んで成長したい。体を張ってチームに貢献していく」と誓った。

「日本を世界に見せた」長江が長野市長に結果報告

長江が13日、長野市役所で荻原健司市長に、U-20女子W杯コスタリカ大会準優勝の結果を報告した。長江はW杯を振り返り、「走りきる、粘り強く諦めない姿など、日本らしいサッカーを世界に見せることができた」。対戦相手の中でスペインのレベルが他チームと比べて群を抜いて高かったこと、宿泊先のホテルでは日本人に合わせた味付けの食事が提供されたことも話し、長野県民や市民から多くの応援をもらえたと感謝した。

10月に開幕するWEリーグに向けては、「やるからには優勝したい」。荻原市長は「われわれファンにまた夢を見させてほしい」と話した。

2022
10

中村が右膝を負傷

5日、FW中村恵実(22)が、右膝前十字靭帯損傷を負ったと発表した。9月15日のトレーニング中の負傷で、今後手術の予定。

県知事に抱負「上位目指す」

WEリーグの2022～23シーズン開幕を前に、AC長野の監督、選手らが7日、県庁に阿部守一知事を訪ね、抱負を述べた。

主将の大久保舞(26)や町田善行社長、田代久美子監督、長江伊吹(20)が訪問。チームはリーグ戦前に行われたカップ戦で決勝進出を逃したものの、3勝2分の無敗で終えた。大久保は「上位と戦える手応えをつかんだ」。今季は6位以内を目標に掲げつつ上位を目指す姿勢を示し、「プレーで県民を元気づけたい」と語った。

更級農業高生と綿収穫体験

13日、JAグリーン長野の協力で、更級農業高校（長野市篠ノ井）のグリーンライフ科アグリネットワークコースの生徒と、AC長野のMF福田ゆい、GK福田まい両選手が綿の収穫体験をした。

アグリネットワークコースでは地域の遊休農地削減を目的に綿を栽培。収穫した綿の活用方

法として、地元のAC長野を応援するミサンガを作成し、選手たちへの贈呈を計画している。

常葉橘高のMF榊原が加入内定

24日、常葉橘高（静岡）のMF榊原琴乃（18）の加入が内定したと発表した。静岡県出身。クラブを通じ「ワクワクさせるプレーでUスタを盛り上げます」とコメントした。

選手7人が新型コロナ陽性

31日、新型コロナウイルスの陽性判定を受けた選手が合計7人になったと発表した。10月29日のマイナビ仙台戦までに5人が陽性判定を受けた。その後、発熱などの症状が出た選手に検査を実施したところ、さらに2人が陽性と判定された。チームは11月1日まで活動を休止する。

2022 11

新たに選手2人が陽性判定

2日、新たに選手2人が新型コロナウイルスの陽性判定を受けたと発表した。10月28日以降、陽性と判定された選手は計9人となった。

「税について考えて」選手が長野駅でチラシ配布

長野税務署管内の納税関係団体でつくる協議会などは11日朝、「税を考える週間」（11～17日）に合わせ、長野市のJR長

野駅で啓発活動をした。AC長野パルセイロ・レディースの選手5人も加わり、持ち前の笑顔とフットワークで駅利用者にチラシを手渡した。チームの協力を得た活動は2018年以来2回目。同協議会の関昌憲会長（75）は「地元密着が大事。選手に配ってもらえてインパクトがあった」と話していた。

プログラミング、選手が体験

MF鈴木日奈子選手（24）とFW小沢寛選手（24）が29日、長野市のポリテクセンター長野でプログラミングを体験した。同センターは建設関連や製造業を中心とする求職者らの職業訓練を行っており、より多くの人に知ってほしいと企画。両選手は初めての体験に試行錯誤しながらパソコンを操作し、機械を動かした。

2人はまず、金属板を加工する機械や、受講者が電気配線を学ぶ教室などセンター内を見学した。プログラミング体験ではパソコンを使って図を作り、モーターとタイヤが付いたミニカーのような機械に動きを反映。直進の他、左折や右折もプログラムに加え、機械の動きを見ながら何度も調整を繰り返した。

2022 12

佐久長聖高女子サッカー部と交流

AC長野パルセイロ・レディースの選手たちが3日、年末に兵庫県で開幕する全日本高校女子サッカー選手権に初出場する佐久市の佐久長聖高校女子サッカー部の部員と市内で交流した。今夏、スペイン遠征をするなど世界に目を向ける部員たちに、海外プレー経験のある国沢志乃選手（31）、20歳以下女子ワールドカップ（W杯）コスタリカ大会で日本代表チーム主将として準優勝した長江伊吹選手（20）ら5人が体験を伝えた。

WEリーグの地域貢献活動の一環。同部からは部員25人と練習生1人が参加し、日本と海外とのサッカーの違いや体調管理、オフの過ごし方など約1時間質問。「試合でうまくいかない時にどうするか」との問いにMF福田ゆい選手（24）は「何げないパスをまずは1本つなぐこと」。「勝ち続けるために気を付けていることは」―との質問に、DFの長江選手は「仲間の性格を知った上で劣勢でも冷静でいることが大切」と述べた。

2023 1

村上が退団

27日、MF村上日奈子(22)が契約満了で退団すると発表した。今季、リーグ戦2試合に出場していた。

国生と小鍜治が退団

28日、DF国生乃愛(20)がなでしこリーグ1部のASハリマアルビオンに移籍し、MF小鍜治旭(20)が契約満了で退団すると発表した。共に2季目の今季はリーグ戦出場がなかった。

退団の村上が伊賀へ

5日、契約満了で退団が決まったMF村上日奈子(22)が、なでしこリーグ1部の伊賀FCくノ一三重に移籍すると発表した。

池田が退団

5日、DF池田玲奈(25)が契約満了で退団すると発表した。3季目の今季はリーグ戦1試合に出場していた。

水谷GKコーチが今治へ、後任に歌門氏

12日、水谷雄一GKコーチが、FC今治に移籍することが決まったと発表した。

2017年から4季、AC長野のトップチームでGKコーチを務め、レディースには21−22年のシーズン途中から就いた。

また、後任に歌門大輔氏が就任したことも発表した。ASはりまなどでGKコーチを歴任。AC長野にはリーグ第6節のノジマステラ神奈川相模原戦から着任した。

スマホ確定申告、研修会で便利さ体験

長野税務署(長野市)が24日、AC長野パルセイロ・レディースの選手を対象に研修会を長野市内で開いた。2022年分の所得税などの確定申告受け付けが2月16日に始まるのに先立ち、スマートフォンを使った確定申告体験を行い、便利さをPRした。

選手25人は練習後、同署職員の説明を受けながらスマホによる確定申告を体験。これまでは税理士に任せていたという国沢志乃選手(31)は、携帯電話の通信費のうち経費部分の算定が難しい―としつつも「ニュースで税金の使い方が取り上げられている。自分たちの税金が使われていることを意識し、きちんと申告したい」と話した。

山梨学院大の上田が加入

26日、山梨学院大のFW上田莉帆(22)の加入が内定したと発表した。合流は2月の見込み。神奈川県出身。クラブを通じ「ゴールを狙いチームの勝利に貢献します」とコメントした。

WEリーグ第9節以降の日程決まる

WEリーグは27日、第9節以降の日程を発表した。AC長野は第9節の3月5日、長野Uスタジアムで大宮と対戦。最終節(第22節)の6月10日は、昨季優勝で現在首位のINAC神戸をホームに迎えると決まった。

2023 2

池田は宮崎に移籍

14日、既に退団の決まったDF池田玲奈の移籍先が、なでしこリーグ2部のヴィアマテラス宮崎に決定したと発表した。

運営会社新社長に今村俊明氏

AC長野パルセイロの運営会社「長野パルセイロ・アスレチッククラブ」は21日、新社長にスピードスケート元五輪代表の今村俊明氏(60)=岡谷市=が就任することを発表した。3月9日付。

長野市内で記者会見した今村氏は「チームが強くなることにプラスして、支えてくれる人たちに心から愛されるクラブを目指したい」と抱負を語った。

今村氏は日大在学中の1984年サラエボ五輪の1万メートル、5000メートルに出場。卒業後は三協精機(現日本電産サンキョー)で現役を続けた。同社で監督を務め、2022年3月末のスケート部の廃部により退社。AC長野は指導者として培ったマネジメント力や幅広い人脈を評価して社長就任を打診した。今村氏は「スポーツを通じて社会に貢献することが人生の目標。クラブの地域密着の理念が人生を懸けて取り組んできたことと一致した」と快諾した理由を説明した。

21年に社長代行から昇格した町田善行社長(54)は新型コロナ下での経営に一定のめどが立ったとして任期満了で退任し、今後は総務部長としてクラブを支える。

小鍜治は山梨に移籍

22日、既に退団の決まったMF小鍜治旭の移籍先がなでしこリーグ2部のFCふじざくら山梨に決定したと発表した。

作陽高の中野が加入内定

25日、作陽高（岡山）のMF中野琴音（18）の加入内定を発表した。3月に合流する見込み。熊本県出身。「チームの勝利に貢献し、地域の皆様に愛される選手になりたい」とコメントした。

2023 3

U―19女子代表候補合宿に榊原

日本サッカー協会は3日、U―19（19歳以下）女子日本代表候補合宿のメンバー28人を発表し、AC長野パルセイロからMF榊原琴乃（18）が選ばれた。合宿は千葉市で6～9日に行われる。

2期ぶり赤字決算、運営会社、債務超過は回避

AC長野パルセイロ運営会社「長野パルセイロ・アスレチッククラブ」は9日、長野市内で第16期（2022年1～12月）の株主総会を開き、純損失2179万円の決算を承認した。赤字は2期ぶりとなったが、債務超過は回避した。前期の純利益は1809万円だった。

売上高は前期比7・1％増の7億5843万円。うち入場料収入は同94・1％増の7163万円と大幅に伸びた。昨季はJ3のホーム戦が21年シーズンよりも3試合増えたことや、松本山雅との「信州ダービー」による観客動員数の伸びが影響した。

ただ、新型コロナウイルス対策費や、21年秋に開幕した「WEリーグ」の経費について当期から1年分の計上となり、一般管理費などが増加したことが赤字の要因となった。

2023 4

先生は地元出身WEリーガー 諏訪で子ども向け教室

AC長野パルセイロ・レディースが22日、子ども向けのサッカー教室を諏訪市の諏訪湖ヨットハーバー内にあるグラウンドで開いた。小学生を中心に諏訪地域の子ども86人が参加。選手とともに試合形式でサッカーを学んだ。

コーチ役は、ともに諏訪市出身の伊藤有里彩（22）と伊藤めぐみ（21）の両選手を含む選手11人。子どもたちは鬼ごっこをした後、選手も交えた試合に挑んだ。子どもたちが夢中になってボールを追いかける中、選手は「積極的にシュートしていこう」「仲間同士の声かけが大事だよ」などとアドバイスした。

岡谷市長地小学校4年の後藤楓さん（9）は「諏訪市出身の選手が直接声をかけてくれたのでうれしかった」。小学生の頃、このグラウンドで練習したという伊藤有里彩選手は「懐かしい気持ち。地域の小学生がサッカーを学んでくれて選手にとっても励みになる」と話していた。子どもたちと選手は諏訪湖畔でごみ拾いもした。

この日、長野市のホワイトリングでは、多くのスポーツが楽しめる参加型イベントが開かれ、レディースの選手たちはパラリンピック競技ボッチャのコーナーを担当。多くの市民と楽しんだ。上伊那郡宮田村では「Enjoy！サッカー！&クリーン作戦」を開催。役場隣のグラウンドで行われたイベントに地元出身の稲村雪乃選手（20）らが参加した。

肝付が負傷

29日、DF肝付萌（25）が右小趾基節骨骨折と診断されたと発表した。全治は8週間の見込み。4月12日のトレーニング中に負傷した。

2023 5

U―19女子代表に榊原

日本サッカー協会は1日、SUDレディースカップ（15～23日・フランス）に臨むU―19（19歳以下）女子日本代表のメンバー23人を発表し、AC長野からMF榊原琴乃（18）が選ばれた。

大会は4カ国が出場し、日本は初戦でカメルーンに3―0、第2戦でパナマに4―0で勝利。最終戦（日本時間22日）は地元フランスに7―0で圧勝し、3戦全勝で優勝した。榊原は第

２戦にフル出場。前半に２点目を決めた（結果は日本サッカー協会ホームページから）。

田代監督が退任へ

ＷＥリーグのＡＣ長野パルセイロは22日、田代久美子監督（42）が今季限りで契約満了となり、退任すると発表した。

田代監督は、昨年１月にヘッドコーチに就任。同５月、前監督の退任に伴って監督に昇格したが、今季リーグ戦は開幕４連敗と序盤から苦戦。第６節でノジマ相模原から初勝利を挙げたが、その後も浮上のきっかけをつかめず、第19節終了時点で４勝４分け９敗の勝ち点16で９位と低迷。田代監督はクラブを通じ、「苦しい状況の中でも、前を向いて闘い続けてくれる選手、支えてくれるスタッフ、温かく見守り続けてくれるファン、サポーターに感謝申し上げます」とコメントした。

低迷の責任「受け止める」

今季限りでの退任が決まった野パルセイロの田代久美子監督が24日、長野市内で報道陣の取材に応じた。ここまで９位と低迷する責任を「しっかり受け止める」とし、引き続き指揮する残り３試合について「サポーターに結果で恩返ししたい」と話した。

昨季後にヘッドコーチから昇格。攻守の切り替えが速いサッカーで上位進出を目指したが、苦戦を強いられた。「若いチームなので育成も必要で、１年で結果を出すのは難しかった」。今後は未定だが、「サッカーからは離れられない。トップリーグでの経験を生かしていく」とした。

27日は現役時代にプレーした首位の三菱重工浦和を長野Ｕスタジアムに迎える。「（敗れると浦和が優勝となるため）決めさせたくない。チャレンジして勝ち点を取りにいく」と語った。

2023
6

肝付が現役引退へ

５日、ＤＦ肝付萌（25）が今季限りで現役引退すると発表した。神奈川県出身の肝付は山梨学院大を卒業した２０２０年に入団し、２年目の昨季はリーグ戦全20試合に出場した。今季は主に守備的ＭＦで10試合に出場し、無得点。

ＷＥリーグ、優秀選手に滝沢

ＷＥリーグは12日、東京都内で年間表彰式「ＷＥリーグ・アウォーズ」を開催し、三菱重工浦和のＤＦで40歳の安藤梢が最優秀選手（ＭＶＰ）に選ばれた。ベストイレブンには三菱重工浦和から安藤を含め猪本光、清家貴子ら５人、２位のＩＮＡＣ神戸からＧＫ山下杏也加やＦＷ田中美南ら３人、３位の日テレ東京Ｖからは14ゴールで得点王のＦＷ植木理子やＭＦ藤野あおばら３人が入った。優秀選手には30人が選ばれ、ＡＣ長野からは滝沢莉央が入った。

新監督に広瀬龍氏

15日、来季のレディース監督に広瀬龍氏（67）が就任すると発表した。東京都出身の広瀬氏は帝京高、中大、日本リーグのフジタ工業（現Ｊ１湘南）でプレー。１９８７年に指導者となり、帝京三高（山梨）や帝京大監督を経て、２００４年に帝京高監督に就任し、母校で多くのＪリーガーを育てた。21年から今年５月まで、元日本代表の本田圭佑がゼネラルマネジャーをしていたカンボジア代表の監督を務めた。

広瀬氏は17日、長野市内で就任会見に臨んだ。逆転勝ちした５月の三菱重工浦和戦、引き分けた10日のＩＮＡＣ神戸戦を観戦。若手主体のチームに「一丸で戦っていた。鍛えれば上位を揺るがす可能性を秘めている」と成長に期待を示した。女子の指導は初めてだが、「愛情を持って対応すれば、同じサッカーなので理解し合える」と強調。「最低でも今年以上の結果を出す」とし、７位だった今季からの躍進を期した。

同席した村山哲也・強化アドバイザーによると、カンボジア代表にビルドアップ（攻撃の組み立て）などの戦術を浸透させた手腕、韓国の大学でも指導した国際経験をクラブが評価した。

元日本代表の国沢が引退

19日、元日本代表のＭＦ国沢志乃（32）が現役を引退すると発表した。高知県出身。ＡＣ長野では２０１４年からボランチとして活躍し、16、17年に日本代表に選ばれた。19年からイタリアのクラブでプレーし、21年にＡＣ長野に復帰。昨年３月に左膝前十字靱帯を断裂し、今季は出場がなかった。

クラブを通じ「連敗しても、雨でも、遠いアウェーの地でも変わらず背中を押し続けてくれた皆さんがとても心強かった。長野は私の第二の故郷になったので、また帰ってきます」とコメントした。

滝沢が退団　海外移籍目指す

25日、ＦＷ滝沢莉央（26）の退団を発表した。クラブによると、海外リーグへの移籍を目指す。２０２１年に加入し、今季はリーグ戦全20試合に出場してチーム最多の４点を挙げた。

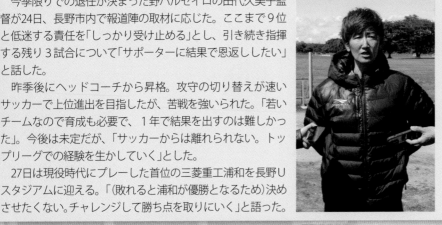

2022-23
公式戦全記録
WEリーグカップ・WEリーグ・皇后杯

2022-23 WEリーグカップ／Aグループ
第1節▸長野Uスタジアム
home　8月20日(土) 18:00 kick off
入場者数／591人　天候／雨

AC長野パルセイロ・レディース 1			0 前 1 1 後 0		マイナビ仙台レディース 1
伊藤有里彩	1	GK	GK	16	松本真未子
奥津　礼菜	15	DF	DF	19	佐藤　楓
岩下　胡桃	5	DF	DF	3	市瀬　菜々
奥川　千沙	22	DF	DF	4	高平　美憂
岡本　祐花	3	DF	DF	22	万屋　美穂
肝付　萌	2	DF	MF	2	茨木美都葉
伊藤めぐみ	18	MF	MF	7	隅田　凜
福田　ゆい	8	MF	MF	10	中島　依美
菊池まりあ	14	MF	MF	8	矢形　海優
稲村　雪乃	28	MF	FW	9	宮澤ひなた
瀧澤　莉央	10	FW	FW	11	後藤　三知
交代要員					
大久保　舞	6	MF	DF	5	國武　愛美
太田　萌咲	13	MF	DF	28	松永未衣奈
成田　恵理	17	MF	MF	25	船木　里奈
村上日奈子	20	FW	FW	13	武田菜々子
川船　暁海	11	FW	FW	20	廣澤　真穂

得点〔長〕稲村(61)〔仙〕矢形(23)
交代〔長〕福田ゆ(67 太田) 稲村(76 川船) 瀧澤(76 成田) 伊藤め(88 大久保) 菊池(88 村上)〔仙〕茨木(46 船木) 後藤(46 武田) 万屋(67 國武) 中島(67 廣澤) 佐藤(84 松永)
警告・退場

2022-23 WEリーグカップ／Aグループ
第6節▸長野Uスタジアム
home　9月24日(土) 18:00 kick off
入場者数／984人　天候／曇

AC長野パルセイロ・レディース 2			2 前 0 0 後 1		アルビレックス新潟レディース 1
伊藤有里彩	1	GK	GK	1	平尾　知佳
奥津　礼菜	15	DF	DF	13	加藤　栞
奥川　千沙	22	DF	DF	20	山谷　瑠香
岩下　胡桃	5	DF	DF	2	浦川　璃子
岡本　祐花	3	DF	DF	14	北川ひかる
肝付　萌	2	DF	MF	23	山本　結菜
大久保　舞	6	MF	MF	17	滝川　結女
伊藤めぐみ	18	MF	MF	10	上尾野辺めぐみ
福田　ゆい	8	MF	MF	16	園田　悠奈
稲村　雪乃	28	MF	FW	6	柳澤　紗希
瀧澤　莉央	10	FW	FW	11	道上　彩花
交代要員					
長江　伊吹	4	DF	MF	32	白沢百合恵
菊池まりあ	14	MF	MF	34	長崎　咲弥
村上日奈子	20	FW	FW	7	園田　瑞貴
川船　暁海	11	FW	FW	8	石淵　萌実

得点〔長〕瀧澤(02) 岡本(37)〔新〕道上(78)
交代〔長〕福田ゆ(46 菊池) 稲村(46 川船) 瀧澤(82 村上) 奥津(90+3 長江)〔新〕柳澤(46 園田瑞) 山本(46 白沢) 浦川(76 長崎) 園田瑞(82 石淵)
警告〔新〕山谷

2022-23 WEリーグカップ／Aグループ
第5節▸熊谷スポーツ文化公園陸上競技場
away　9月19日(月・祝) 17:00 kick off
入場者数／939人　天候／晴

ちふれASエルフェン埼玉 0			0 前 0 0 後 1		AC長野パルセイロ・レディース 1
船田　麻友	21	GK	GK	1	伊藤有里彩
瀬野　有希	6	DF	DF	15	奥津　礼菜
岸　みのり	20	DF	DF	5	岩下　胡桃
橋沼　真帆	4	DF	DF	22	奥川　千沙
金平　莉紗	29	DF	DF	3	岡本　祐花
加藤　千佳	14	MF	MF	8	福田　ゆい
瀬戸口　梢	5	MF	MF	2	肝付　萌
唐橋　万結	27	MF	MF	18	伊藤めぐみ
吉田　莉胡	24	MF	MF	13	太田　萌咲
祐村ひかる	11	FW	MF	28	稲村　雪乃
西川　明花	26	FW	FW	10	瀧澤　莉央
交代要員					
中村ゆしか	23	MF	MF	6	大久保　舞
佐久間未稀	28	MF	MF	14	菊池まりあ
			FW	20	村上日奈子
			FW	11	川船　暁海

得点〔長〕川船(84)
交代〔埼〕加藤(77 佐久間) 西川(86 中村)〔長〕太田(46 菊池) 福田ゆ(62 川船) 奥津(82 大久保) 瀧澤(90+3 村上)
警告・退場

2022-23 WEリーグカップ／Aグループ
第3節▸浦和駒場スタジアム
away　9月3日(土) 18:00 kick off
入場者数／1,146人　天候／晴

三菱重工浦和レッズレディース 2			1 前 1 1 後 1		AC長野パルセイロ・レディース 2
山﨑　琳	32	GK	GK	1	伊藤有里彩
遠藤　優	17	DF	DF	15	奥津　礼菜
高橋　はな	7	DF	DF	5	岩下　胡桃
河合野乃子	25	DF	DF	22	奥川　千沙
上野　紗稀	5	DF	DF	3	岡本　祐花
柴田　華絵	18	MF	DF	2	肝付　萌
佐々木　繭	4	MF	MF	6	大久保　舞
清家　貴子	11	MF	MF	18	伊藤めぐみ
猶本　光	8	MF	MF	14	菊池まりあ
安藤　梢	10	MF	FW	10	瀧澤　莉央
菅澤優衣香	9	FW	FW	11	川船　暁海
交代要員					
西村　紀音	28	DF	DF	25	池田　玲奈
角田　楓佳	29	MF	MF	8	福田　ゆい
植村　祥子	14	FW	MF	13	太田　萌咲
			MF	28	稲村　雪乃

得点〔浦〕安藤(07) 高橋(69)〔長〕瀧澤(32、63)
交代〔浦〕河合(46 角田) 遠藤(75 植村) 安藤(84 西村)〔長〕岩下(60 池田) 大久保(78 福田ゆ) 川船(78 稲村) 瀧澤(90+5 太田)
警告・退場

2022-23 WEリーグカップ／Aグループ
第2節▸長野Uスタジアム
home　8月27日(土) 18:00 kick off
入場者数／844人　天候／曇

AC長野パルセイロ・レディース 1			0 前 0 1 後 0		大宮アルディージャVENTUS 0
風間　優華	31	GK	GK	21	スタンボー　華
池田　玲奈	25	DF	DF	6	有吉　佐織
岩下　胡桃	5	DF	DF	5	乗松　瑠華
岡本　祐花	3	DF	DF	2	坂井　優紀
奥川　千沙	22	DF	DF	3	鮫島　彩
肝付　萌	2	DF	MF	24	源間　葉月
伊藤めぐみ	18	MF	MF	10	五嶋　京香
福田　ゆい	8	MF	MF	13	仲田　歩夢
菊池まりあ	14	MF	MF	14	大熊　良奈
稲村　雪乃	28	MF	FW	8	上辻　佑実
瀧澤　莉央	10	FW	FW	9	井上　綾香
交代要員					
川船　暁海	11	FW	DF	28	柴山　史菜
村上日奈子	20	FW	MF	7	山崎　円美
			MF	18	田嶋みのり
			MF	25	村上　真帆

得点〔長〕伊藤め(81)
交代〔長〕稲村(82 川船) 福田ゆ(82 村上)〔大〕五嶋(05 村上) 大熊(63 山崎) 仲田(89 田嶋) 上辻(89 柴山)
警告・退場

第 4 節▶長野Uスタジアム
home　11月26日(土)　14:00　kick off
入場者数／1,372人　天候／晴

AC長野パルセイロ・レディース	0	前	0	日テレ・東京ベレーザ
0	0	後	2	2

伊藤有里彩	1	GK	GK	1	田中　桃子
奥津　礼菜	15	DF	DF	6	宮川　麻都
岩下　胡桃	5	DF	DF	3	村松　智子
奥川　千沙	22	DF	DF	4	西川　彩華
岡本　祐花	3	DF	DF	13	木村　彩那
肝付　萌	2	MF	MF	8	三浦　成美
大久保　舞	6	MF	MF	18	岩崎　心南
菊池まりあ	14	MF	MF	20	木下　桃香
稲村　雪乃	28	MF	FW	11	藤野あおば
小澤　寛	29	FW	FW	9	植木　理子
瀧澤　莉央	10	FW	FW	14	北村菜々美
交代要員					
長江　伊吹	4	DF	DF	30	宇津木瑠美
太田　萌咲	13	MF	DF	33	岩清水　梓
三谷沙也加	7	MF	MF	7	菅野　奏音
村上日奈子	20	FW	FW	10	小林里歌子
安倍　乃花	19	FW			

得点〔日〕藤野(52) 植木(60)
交代〔長〕小澤(59 長江) 大久保(69 太田) 菊池(88 村上) 瀧澤(88 安倍) 肝付(88 三谷)〔日〕西川(68 岩清水) 岩﨑(68 宇津木) 植木(80 小林) 木村(80 菅野)
警告〔長〕岡本〔日〕宮川

第 3 節▶フクダ電子アリーナ
away　11月5日(土)　13:00　kick off
入場者数／2,082人　天候／曇

ジェフユナイテッド千葉レディース	1	前	0	AC長野パルセイロ・レディース
1	0	後	0	0

清水　栞	1	GK	GK	21	福田　まい
大熊　環	14	DF	DF	15	奥津　礼菜
市瀬　千里	3	DF	DF	22	奥川　千沙
蓮輪　真琴	27	DF	DF	25	池田　玲奈
田中真理子	5	MF	DF	3	岡本　祐花
今井裕里奈	6	MF	MF	18	伊藤めぐみ
岸川奈津希	8	MF	MF	8	福田　ゆい
井上　千里	22	MF	MF	13	太田　萌咲
鴨川　実歩	10	MF	MF	14	菊池まりあ
大澤　春花	7	MF	FW	10	瀧澤　莉央
大滝　麻未	9	FW	FW	11	川船　暁海
交代要員					
鶴見　綾香	15	DF	MF	23	久保田明未
今田　紗良	16	MF	MF	17	成田　恵理
広瀬　桜	23	FW	FW	29	小澤　寛

得点〔千〕鴨川(36)
交代〔千〕大澤(64 広瀬) 大滝(83 今田) 田中(90+3 鶴見)〔長〕菊池(72 小澤) 伊藤め(82 久保田) 川船(89 成田)
警告〔長〕小澤

第 2 節▶長野Uスタジアム
home　10月29日(土)　14:00　kick off
入場者数／1,182人　天候／晴

AC長野パルセイロ・レディース	0	前	2	マイナビ仙台レディース
1	1	後	0	2

風間　優華	31	GK	GK	16	松本真未子
奥津　礼菜	15	DF	DF	5	國武　愛美
長江　伊吹	4	DF	DF	26	西野　朱音
奥川　千沙	22	DF	DF	3	市瀬　菜々
岡本　祐花	3	DF	DF	4	高平　美憂
太田　萌咲	13	MF	MF	7	隅田　凜
伊藤めぐみ	18	MF	MF	10	中島　依美
菊池まりあ	14	MF	MF	9	宮澤ひなた
稲村　雪乃	28	MF	FW	8	矢形　海優
福田　ゆい	8	MF	FW	15	スラジャナ ブラトヴィッチ
瀧澤　莉央	10	FW	FW	25	船木　里奈
交代要員					
成田　恵理	17	MF	DF	19	佐藤　楓
川船　暁海	11	FW	DF	22	万屋　美穂
小澤　寛	29	FW	DF	28	松永未衣奈
			FW	11	後藤　三知

得点〔長〕菊池(54)〔仙〕矢形(10) スラジャナ(39)
交代〔長〕福田ゆ(46 川船) 瀧澤(84 小澤) 菊池(84 成田)〔仙〕高平(58 万屋) 國武(58 佐藤) 船木(84 後藤) 西野(90+2 松永)
警告・退場

第 1 節▶埼玉スタジアム 2002
away　10月23日(日)　14:00　kick off
入場者数／4,604人　天候／晴

三菱重工浦和レッズレディース	2	前	1	AC長野パルセイロ・レディース
3	1	後	1	2

福田　史織	12	GK	GK	1	伊藤有里彩
遠藤　優	17	DF	DF	15	奥津　礼菜
石川　璃音	30	DF	DF	22	奥川　千沙
高橋　はな	7	DF	DF	5	岩下　胡桃
上野　紗稀	5	DF	DF	3	岡本　祐花
塩越　柚歩	19	MF	DF	2	肝付　萌
柴田　華絵	18	MF	MF	18	伊藤めぐみ
清家　貴子	11	MF	MF	14	菊池まりあ
猶本　光	8	MF	MF	7	三谷沙也加
安藤　梢	10	MF	FW	10	瀧澤　莉央
菅澤優衣香	9	FW	FW	11	川船　暁海
交代要員					
栗島　朱里	6	MF	MF	6	大久保　舞
水谷　有希	16	MF	MF	8	福田　ゆい
植村　祥子	14	FW	MF	28	稲村　雪乃
島田　芽依	15	FW	FW	29	小澤　寛

得点〔浦〕塩越(05) 清家(11) 島田(84)〔長〕川船(16) 稲村(87)
交代〔浦〕上野(46 水谷) 遠藤(61 栗島) 安藤(70 島田) 清家(88 植村)〔長〕川船(70 稲村) 三谷(70 大久保) 瀧澤(70 小澤) 伊藤め(88 福田ゆ)
警告・退場

第 8 節▶広島広域公園第一球技場
away　1月7日(土)　14:00　kick off
入場者数／1,040人　天候／曇

サンフレッチェ広島レジーナ	0	前	0	AC長野パルセイロ・レディース
0	0	後	0	0

木稲　瑠那	1	GK	GK	1	伊藤有里彩
塩田　満彩	25	DF	DF	15	奥津　礼菜
呉屋絵理子	3	DF	DF	5	岩下　胡桃
中村　楓	4	DF	DF	22	奥川　千沙
木﨑あおい	5	DF	DF	4	長江　伊吹
瀧澤　千聖	33	MF	DF	3	岡本　祐花
小川　愛	15	MF	DF	2	肝付　萌
増矢　理花	8	MF	MF	13	太田　萌咲
中嶋　淑乃	11	MF	MF	18	伊藤めぐみ
上野　真実	9	FW	MF	28	稲村　雪乃
谷口木乃実	13	FW	FW	10	瀧澤　莉央
交代要員					
川島はるな	7	MF	MF	7	三谷沙也加
大内　梨央	17	FW	MF	6	大久保　舞
立花　葉	26	FW	MF	14	菊池まりあ
			FW	29	小澤　寛

得点
交代〔広〕木﨑(57 立花) 瀧澤(57 川島) 谷口(69 大内)〔長〕太田(59 小澤) 奥津(75 菊池) 伊藤め(75 三谷) 肝付(84 大久保)
警告・退場

第 7 節▶ノエビアスタジアム神戸
away　12月25日(日)　13:00　kick off
入場者数／2,450人　天候／屋内

INAC神戸レオネッサ	0	前	0	AC長野パルセイロ・レディース
1	1	後	0	0

山下杏也加	18	GK	GK	1	伊藤有里彩
土光　真代	3	DF	DF	15	奥津　礼菜
三宅　史織	5	DF	DF	5	岩下　胡桃
井手ひなた	15	DF	DF	22	奥川　千沙
守屋　都弥	2	MF	DF	4	長江　伊吹
成宮　唯	10	MF	DF	3	岡本　祐花
阪口　萌乃	8	MF	DF	2	肝付　萌
伊藤　美紀	6	MF	MF	18	伊藤めぐみ
愛川　陽菜	24	MF	FW	10	瀧澤　莉央
田中　美南	9	FW	FW	11	川船　暁海
髙瀬　愛実	11	FW	FW	29	小澤　寛
交代要員					
山本　摩也	17	MF	MF	7	三谷沙也加
			MF	28	稲村　雪乃
			FW	20	村上日奈子

得点〔神〕オウンゴール(87)
交代〔神〕愛川(72 山本)〔長〕小澤(66 稲村) 川船(78 村上) 伊藤め(90+1 三谷)
警告〔長〕岩下

第 6 節▶長野Uスタジアム
home　12月10日(土)　14:00　kick off
入場者数／1,013人　天候／晴

AC長野パルセイロ・レディース	1	前	0	ノジマステラ相模原
1	0	後	0	0

伊藤有里彩	1	GK	GK	1	久野　吹雪
奥津　礼菜	15	DF	DF	5	大賀理紗子
岩下　胡桃	5	DF	DF	6	松原　有沙
奥川　千沙	22	DF	DF	4	畑中美友香
岡本　祐花	3	DF	DF	2	平野　優花
肝付　萌	2	MF	MF	19	石田　千尋
太田　萌咲	13	MF	MF	10	杉田　亜未
伊藤めぐみ	18	MF	MF	27	藤原　加奈
稲村　雪乃	28	MF	FW	20	松本茉奈加
菊池まりあ	14	MF	FW	28	笹井　一愛
瀧澤　莉央	10	FW	FW	9	南野亜里沙
交代要員					
長江　伊吹	4	DF	MF	7	平田ひかり
大久保　舞	6	MF	MF	14	井上　陽菜
川船　暁海	11	FW	FW	23	浜田　遥
小澤　寛	29	FW			

得点〔長〕伊藤め(43)
交代〔長〕菊池(46 長江) 稲村(65 川船) 太田(82 大久保) 瀧澤(90 小澤)〔相〕石田(60 井上) 松本(60 平田) 笹井(60 浜田)
警告・退場

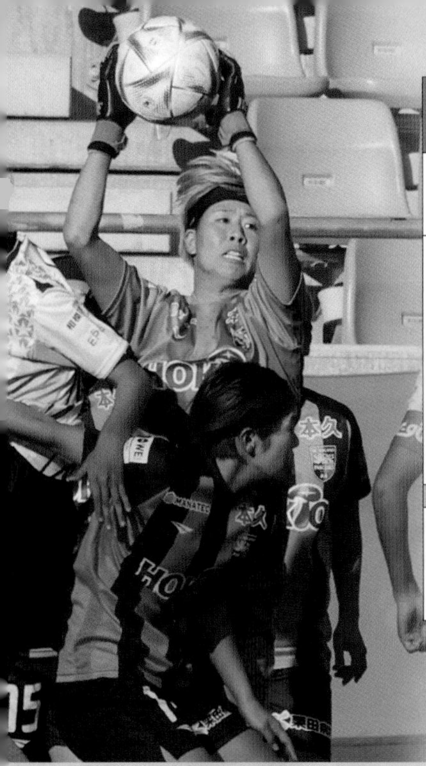

第 11 節▸熊谷スポーツ文化公園陸上競技場

away　3月18日（土）14:00 kick off
入場者数／434人　天候／雨

ちふれAS エルフェン埼玉				AC長野パルセイロ・レディース
	0	前	2	
0	0	後	1	3

浅野　菜摘	1	GK	GK	1	伊藤有里彩
松久保明梨	3	DF	DF	5	岩下　胡桃
木下　栞	2	DF	DF	22	奥川　千沙
岸　みのり	20	DF	DF	3	岡本　祐花
吉田　莉胡	24	MF	DF	15	奥津　礼菜
大曽根由乃	30	MF	DF	2	肝付　萌
瀬戸口　梢	5	MF	MF	6	大久保　舞
三浦　桃	18	MF	MF	32	榊原　琴乃
瀬野　有希	6	MF	MF	13	太田　萌咲
祐村ひかる	11	FW	FW	10	瀧澤　莉央
髙橋　雛	39	FW	FW	11	川船　暁海
交代要員					
佐久間未稀	28	DF	MF	7	三谷沙也加
金平　莉紗	29	DF	MF	18	伊藤めぐみ
唐橋　万結	27	MF	MF	17	成田　恵理
			FW	29	小澤　寛

得点〔長〕榊原(09) 大久保(45+1) 小澤(78)
交代〔埼〕大曽根(46 佐久間) 木下(83 金平) 佐久間(87 唐橋) 〔長〕榊原(46 小澤) 太田(61 伊藤め) 川船(72 成田) 肝付(85 三谷)
警告・退場

第 10 節▸長野Uスタジアム

home　3月12日（日）14:00 kick off
入場者数／925人　天候／曇

AC長野パルセイロ・レディース				アルビレックス新潟レディース
	0	前	0	
0	0	後	2	2

伊藤有里彩	1	GK	GK	1	平尾　知佳
岩下　胡桃	5	DF	DF	31	白井ひめ乃
奥川　千沙	22	DF	DF	3	羽座　妃粋
岡本　祐花	3	DF	DF	4	三浦紗津紀
肝付　萌	2	DF	DF	14	北川ひかる
三谷沙也加	7	MF	MF	17	滝川　結女
菊池まりあ	14	MF	MF	32	白沢百合恵
太田　萌咲	13	MF	MF	20	山谷　瑠香
榊原　琴乃	32	MF	MF	7	園田　瑞貴
瀧澤　莉央	10	FW	FW	11	道上　彩花
小澤　寛	29	FW	FW	10	上尾野辺めぐみ
交代要員					
長江　伊吹	4	DF	MF	6	柳澤　紗希
大久保　舞	6	MF	MF	16	園田　悠奈
伊藤めぐみ	18	MF	MF	28	森中　陽菜
川船　暁海	11	FW	FW	23	山本　結菜

得点〔新〕道上(57、60)
交代〔長〕小澤(46 川船) 太田(59 長江) 菊池(72 伊藤め) 三谷(83 大久保) 〔新〕羽座(46 園田悠) 白沢(72 柳澤) 滝川(82 山本) 園田瑞(85 森中)
警告〔長〕榊原〔新〕北川

第 9 節▸長野Uスタジアム

home　3月5日（日）14:00 kick off
入場者数／882人　天候／晴

AC長野パルセイロ・レディース				大宮アルディージャVENTUS
	0	前	0	
0	0	後	0	0

伊藤有里彩	1	GK	GK	1	望月ありさ
岩下　胡桃	5	DF	DF	6	有吉　佐織
奥川　千沙	22	DF	DF	5	乗松　瑠華
岡本　祐花	3	DF	DF	17	西澤日菜乃
奥津　礼菜	15	DF	DF	3	鮫島　彩
肝付　萌	2	DF	MF	25	村上　真帆
大久保　舞	6	MF	MF	15	林　みのり
榊原　琴乃	32	MF	MF	13	仲田　歩夢
伊藤めぐみ	18	MF	MF	14	大熊　良奈
太田　萌咲	13	MF	FW	9	井上　綾香
瀧澤　莉央	10	FW	FW	11	髙橋美夕紀
交代要員					
小澤　寛	29	FW	FW	16	北川　愛莉
川船　暁海	11	FW	FW	33	大島　暖菜

得点
交代〔長〕伊藤め(64 川船) 太田(83 小澤) 〔大〕仲田(55 大島) 髙橋(76 北川)
警告・退場

第 16 節▸ユアテックスタジアム仙台

away　5月3日（水・祝）19:00 kick off
入場者数／1,721人　天候／晴

マイナビ仙台レディース				AC長野パルセイロ・レディース
	0	前	0	
1	1	後	0	0

松本真未子	16	GK	GK	1	伊藤有里彩
松永未衣奈	28	DF	DF	15	奥津　礼菜
市瀬　菜々	3	DF	DF	5	岩下　胡桃
高平　美憂	4	DF	DF	22	奥川　千沙
万屋　美穂	22	DF	DF	3	岡本　祐花
猪瀬　結子	36	MF	MF	6	大久保　舞
隅田　凜	7	MF	MF	13	太田　萌咲
中島　依美	10	MF	MF	18	伊藤めぐみ
宮澤ひなた	9	FW	MF	32	榊原　琴乃
松窪　真心	14	FW	FW	10	瀧澤　莉央
船木　里奈	25	FW	FW	33	上田　莉帆
交代要員					
國武　愛美	5	DF	DF	4	長江　伊吹
茨木美都葉	2	MF	MF	7	三谷沙也加
矢形　海優	8	FW	MF	28	稲村　雪乃
廣澤　真穂	20	FW	FW	29	小澤　寛
			FW	11	川船　暁海

得点〔仙〕廣澤(84)
交代〔仙〕万屋(46 國武) 猪瀬(58 矢形) 船木(58 茨木) 隅田(83 廣澤) 〔長〕上田(46 川船) 太田(46 稲村) 奥津(70 小澤) 瀧澤(85 長江) 大久保(85 三谷)
警告〔仙〕中島、松窪

第 15 節▸長野Uスタジアム

home　4月29日（土・祝）15:00 kick off
入場者数／924人　天候／曇

AC長野パルセイロ・レディース				サンフレッチェ広島レジーナ
	3	前	1	
3	0	後	2	3

伊藤有里彩	1	GK	GK	22	藤田　七海
岩下　胡桃	5	DF	DF	10	近賀ゆかり
奥川　千沙	22	DF	DF	6	左山　桃子
岡本　祐花	3	DF	DF	4	中村　楓
奥津　礼菜	15	DF	DF	25	塩田　満彩
大久保　舞	6	MF	MF	33	瀧澤　千聖
太田　萌咲	13	MF	MF	15	小川　愛
榊原　琴乃	32	MF	MF	23	柳瀬　楓菜
伊藤めぐみ	18	MF	FW	20	島袋奈美恵
瀧澤　莉央	10	FW	FW	17	大内　梨央
川船　暁海	11	FW	FW	11	中嶋　淑乃
交代要員					
長江　伊吹	4	DF	DF	18	松原　志歩
菊池まりあ	14	MF	MF	7	川島はるな
稲村　雪乃	28	MF	FW	9	上野　真実
上田　莉帆	33	FW	FW	13	谷口木乃実

得点〔長〕瀧澤(37、45) 伊藤め(43) 〔広〕島袋(13) 中嶋(50、56)
交代〔長〕瀧澤(46 稲村) 川船(58 上田) 奥津(78 長江) 太田(78 菊池) 〔広〕近賀(46 川島) 大内(46 谷口) 瀧澤(71 上野) 柳瀬(71 松原)
警告〔長〕大久保、太田

第 13 節▸相模原ギオンスタジアム

away　4月1日（土）14:00 kick off
入場者数／825人　天候／晴

ノジマステラ相模原				AC長野パルセイロ・レディース
	0	前	0	
2	2	後	0	0

久野　吹雪	1	GK	GK	1	伊藤有里彩
伊東　珠梨	22	DF	DF	2	肝付　萌
大賀理紗子	5	DF	DF	5	岩下　胡桃
畑中美友香	4	DF	DF	3	岡本　祐花
平野　優花	2	DF	DF	15	奥津　礼菜
杉田　亜未	10	MF	MF	6	大久保　舞
石田　千尋	19	MF	MF	7	三谷沙也加
藤原　加奈	27	MF	MF	32	榊原　琴乃
浜田　芽来	30	FW	MF	18	伊藤めぐみ
南野亜里沙	9	FW	MF	28	稲村　雪乃
笹井　一愛	28	FW	FW	10	瀧澤　莉央
交代要員					
小林　海青	17	DF	DF	4	長江　伊吹
出耒村亜美	26	DF	MF	13	太田　萌咲
西郡　茉優	24	MF	MF	16	鈴木日奈子
松本茉奈加	20	FW	FW	29	小澤　寛
浜田　遥	23	FW			

得点〔相〕大賀(84) 浜田遥(86)
交代〔相〕浜田芽(46 松本) 畑中(46 出耒村) 笹井(46 西郡) 伊東(77 浜田遥) 平野(85 小林) 〔長〕三谷(46 太田) 稲村(57 鈴木) 奥津(66 小澤) 榊原(81 長江)
警告・退場

第 12 節▸長野Uスタジアム

home　3月25日（土）14:00 kick off
入場者数／635人　天候／雨

AC長野パルセイロ・レディース				ジェフユナイテッド千葉レディース
	0	前	0	
0	0	後	0	0

伊藤有里彩	1	GK	GK	1	清水　栞
岩下　胡桃	5	DF	DF	14	大熊　環
奥川　千沙	22	DF	DF	15	鶴見　綾香
岡本　祐花	3	DF	DF	3	市瀬　千里
奥津　礼菜	15	DF	DF	22	井上　千里
肝付　萌	2	DF	MF	20	小川　由姫
大久保　舞	6	MF	MF	8	岸川奈津希
榊原　琴乃	32	MF	MF	6	今井裕里奈
太田　萌咲	13	MF	MF	2	藤代　真帆
瀧澤　莉央	10	FW	FW	10	鴨川　実歩
川船　暁海	11	FW	FW	7	大澤　春花
交代要員					
稲村　雪乃	28	MF	DF	27	蓮輪　真琴
小澤　寛	29	FW	MF	24	城和　怜奈
			MF	25	藤尾きらら
			FW	9	大滝　麻未
			FW	23	広瀬　桜

得点
交代〔長〕太田(46 小澤) 川船(60 稲村) 〔千〕小川(67 藤尾) 藤代(67 蓮輪) 鴨川(77 大滝) 井上(77 城和) 大澤(84 広瀬)
警告・退場

第19節▶デンカビッグスワンスタジアム
away　5月21日(日) 13:00 kick off
入場者数／1,009人　天候／晴

アルビレックス新潟レディース				AC長野パルセイロ・レディース
1	1	前	0	0
	0	後	0	

平尾 知佳	1	GK	GK	1	伊藤有里彩
滝川 結女	17	DF	DF	15	奥津 礼菜
三浦紗津紀	4	DF	DF	5	岩下 胡桃
羽座 妃粋	3	DF	DF	22	奥川 千沙
北川ひかる	14	DF	DF	3	岡本 祐花
ブラフ シャーン	19	MF	DF	4	長江 伊吹
上尾野辺めぐみ	10	MF	MF	6	大久保 舞
山谷 瑠香	20	MF	MF	13	太田 萌咲
園田 瑞貴	7	MF	MF	18	伊藤めぐみ
道上 彩花	11	FW	FW	10	瀧澤 莉央
石淵 萌実	8	FW	FW	33	上田 莉帆
交代要員					
園田 悠奈	16	MF	MF	23	久保田明未
白井ひめ乃	31	MF	MF	7	三谷沙也加
田中 聖愛	33	FW	MF	16	鈴木日奈子
			FW	29	小澤 寛
			FW	11	川船 暁海

得点〔新〕三浦(07)
交代〔新〕石淵(65 白井) 園田瑞(83 園田悠) 上尾野辺(90+3 田中) 〔長〕長江(46 三谷) 伊藤め(75 鈴木) 奥津(75 小澤) 上田(75 川船) 岩下(86 久保田)
警告・退場

第18節▶NACK5スタジアム大宮
away　5月13日(土) 14:00 kick off
入場者数／634人　天候／雨のち曇

大宮アルディージャVENTUS				AC長野パルセイロ・レディース
0	0	前	0	2
	0	後	2	

望月ありさ	1	GK	GK	1	伊藤有里彩
有吉 佐織	6	DF	DF	15	奥津 礼菜
乗松 瑠華	5	DF	DF	5	岩下 胡桃
坂井 優紀	2	DF	DF	22	奥川 千沙
鮫島 彩	3	DF	DF	3	岡本 祐花
源間 葉月	24	MF	MF	6	大久保 舞
林 みのり	15	MF	MF	13	太田 萌咲
仲田 歩夢	13	MF	MF	18	伊藤めぐみ
田嶋みのり	18	MF	MF	7	三谷沙也加
井上 綾香	9	FW	FW	10	瀧澤 莉央
北川 愛莉	16	FW	FW	33	上田 莉帆
交代要員					
長嶋 洸	4	DF	DF	4	長江 伊吹
西澤日菜乃	17	DF	MF	14	菊池まりあ
上辻 佑実	8	MF	MF	16	鈴木日奈子
大熊 良奈	14	MF	FW	29	小澤 寛
髙橋美夕紀	11	FW	FW	11	川船 暁海

得点〔長〕瀧澤(46) 長江(84)
交代〔大〕源間(63 長嶋) 仲田(63 大熊) 北川(63 髙橋) 田嶋(77 上辻) 乗松(84 西澤) 〔長〕三谷(73 長江) 奥津(84 小澤) 瀧澤(90+1 鈴木) 伊藤め(90+1 菊池) 上田(90+1 川船)
警告〔大〕林

第17節▶長野Uスタジアム
home　5月7日(日) 15:00 kick off
入場者数／538人　天候／雨

AC長野パルセイロ・レディース				ちふれASエルフェン埼玉
2	0	前	1	1
	2	後	0	

伊藤有里彩	1	GK	GK	21	船田 麻友
岩下 胡桃	5	DF	DF	29	金平 莉紗
奥川 千沙	22	DF	DF	20	岸 みのり
岡本 祐花	3	DF	DF	3	松久保明梨
大久保 舞	6	MF	DF	6	瀬野 有希
太田 萌咲	13	MF	MF	11	祐村ひかる
榊原 琴乃	32	MF	MF	5	瀬戸口 梢
伊藤めぐみ	18	MF	MF	18	三浦 桃
瀧澤 莉央	10	FW	MF	30	大曽根由乃
小澤 寛	29	FW	MF	24	吉田 莉胡
上田 莉帆	33	FW	FW	39	髙橋 雛
交代要員					
奥津 礼菜	15	DF	MF	37	松山 沙来
菊池まりあ	14	MF			
鈴木日奈子	16	MF			
川船 暁海	11	FW			

得点〔長〕奥津(63、67) 〔埼〕吉田(04)
交代〔長〕小澤(39 奥津) 伊藤め(65 鈴木) 上田(65 川船) 榊原(90+3 菊池) 〔埼〕髙橋(78 松山)
警告〔埼〕岸

皇后杯 JFA 第44回全日本女子サッカー選手権大会
4回戦▶カンセキスタジアムとちぎ
away　12月18日(日) 11:00 kick off
入場者数／887人　天候／晴

三菱重工浦和レッズレディース (WEリーグ / 埼玉県)				AC長野パルセイロ・レディース (WEリーグ / 長野県)
3	2	前	1	1
	1	後	0	

福田 史織	12	GK	GK	1	伊藤有里彩
遠藤 優	17	DF	DF	2	肝付 萌
石川 璃音	30	DF	DF	4	長江 伊吹
安藤 梢	10	DF	DF	22	奥川 千沙
水谷 有希	16	DF	DF	3	岡本 祐花
塩越 柚歩	19	MF	MF	6	大久保 舞
栗島 朱里	6	MF	MF	18	伊藤めぐみ
島田 芽依	15	MF	MF	15	奥津 礼菜
猶本 光	8	MF	MF	10	瀧澤 莉央
植村 祥子	14	MF	FW	11	川船 暁海
菅澤優衣香	9	FW	FW	28	稲村 雪乃
交代要員					
佐々木 繭	4	MF	DF	5	岩下 胡桃
丹野凜々香	26	MF	MF	7	三谷沙也加
西尾 葉音	27	FW	MF	14	菊池まりあ
			FW	29	小澤 寛

得点〔浦〕猶本(05) 菅澤(18、60) 〔長〕奥津(45+1)
交代〔浦〕植村(81 西尾) 栗島(84 佐々木) 島田(84 丹野) 〔長〕大久保(61 小澤) 稲村(70 岩下) 奥津(84 菊池) 川船(84 三谷)
警告・退場

第22節▶長野Uスタジアム
home　6月10日(土) 14:00 kick off
入場者数／1,807人　天候／曇

AC長野パルセイロ・レディース				INAC神戸レオネッサ
2	1	前	1	2
	1	後	1	

伊藤有里彩	1	GK	GK	18	山下杏也加
奥津 礼菜	15	DF	DF	3	土光 真代
岩下 胡桃	5	DF	DF	5	三宅 史織
奥川 千沙	22	DF	DF	7	脇阪 麗奈
岡本 祐花	3	DF	MF	2	守屋 都弥
大久保 舞	6	MF	MF	10	成宮 唯
伊藤めぐみ	18	MF	MF	6	伊藤 美紀
三谷沙也加	7	MF	MF	11	髙瀬 愛実
菊池まりあ	14	MF	MF	27	小山史乃観
瀧澤 莉央	10	FW	FW	9	田中 美南
上田 莉帆	33	FW	FW	24	愛川 陽菜
交代要員					
肝付 萌	2	DF	MF	16	天野 紗
太田 萌咲	13	MF	MF	29	箕輪 千慧
鈴木日奈子	16	MF	FW	8	阪口 萌乃
榊原 琴乃	32	MF			
小澤 寛	29	FW			

得点〔長〕菊池(28) 榊原(67) 〔神〕守屋(44) 阪口(77)
交代〔長〕三谷(63 榊原) 菊池(63 鈴木) 伊藤め(69 肝付) 大久保(69 太田) 上田(85 小澤) 〔神〕愛川(46 阪口) 髙瀬(68 天野) 小山(87 箕輪)
警告〔長〕小澤

第21節▶味の素フィールド西が丘
away　6月3日(土) 14:00 kick off
入場者数／1,261人　天候／曇のち晴

日テレ・東京ベレーザ				AC長野パルセイロ・レディース
3	2	前	1	3
	1	後	2	

田中 桃子	1	GK	GK	1	伊藤有里彩
宮川 麻都	6	DF	DF	15	奥津 礼菜
坂部 幸菜	22	DF	DF	5	岩下 胡桃
宇津木瑠美	30	DF	DF	22	奥川 千沙
木﨑あおい	2	DF	DF	3	岡本 祐花
菅野 奏音	7	MF	MF	6	大久保 舞
木下 桃香	20	MF	MF	18	伊藤めぐみ
北村菜々美	14	MF	MF	7	三谷沙也加
藤野あおば	11	FW	MF	14	菊池まりあ
植木 理子	9	FW	MF	32	榊原 琴乃
小林里歌子	10	FW	FW	10	瀧澤 莉央
交代要員					
岩﨑 心南	18	MF	MF	13	太田 萌咲
山本 柚月	19	FW	MF	16	鈴木日奈子
			FW	11	川船 暁海
			FW	29	小澤 寛
			FW	33	上田 莉帆

得点〔日〕藤野(14、44) 小林(76) 〔長〕瀧澤(19) 上田(69) 鈴木(89)
交代〔日〕木﨑(46 山本) 菅野(46 岩﨑) 〔長〕菊池(46 上田) 榊原(64 小澤) 三谷(64 太田) 奥津(79 鈴木) 伊藤め(90+1 川船)
警告〔長〕大久保、岡本、上田

第20節▶長野Uスタジアム
home　5月27日(土) 14:00 kick off
入場者数／1,554人　天候／晴

AC長野パルセイロ・レディース				三菱重工浦和レッズレディース
2	0	前	1	1
	2	後	0	

伊藤有里彩	1	GK	GK	12	福田 史織
奥津 礼菜	15	DF	DF	17	遠藤 優
岩下 胡桃	5	DF	DF	30	石川 璃音
奥川 千沙	22	DF	DF	10	安藤 梢
岡本 祐花	3	DF	DF	16	水谷 有希
大久保 舞	6	MF	MF	19	塩越 柚歩
伊藤めぐみ	18	MF	MF	18	柴田 華絵
三谷沙也加	7	MF	MF	11	清家 貴子
菊池まりあ	14	MF	MF	8	猶本 光
瀧澤 莉央	10	FW	MF	15	島田 芽依
川船 暁海	11	FW	FW	9	菅澤優衣香
交代要員					
太田 萌咲	13	MF	DF	13	長嶋 玲奈
鈴木日奈子	16	MF	MF	6	栗島 朱里
榊原 琴乃	32	MF	FW	14	植村 祥子
上田 莉帆	33	FW			

得点〔長〕大久保(68) 鈴木(90) 〔浦〕島田(11)
交代〔長〕川船(66 榊原) 三谷(72 鈴木) 伊藤め(84 太田) 菊池(84 上田) 〔浦〕遠藤(68 長嶋) 島田(84 植村) 猶本(89 栗島)
警告〔長〕岩下

WEリーグ 2季目の挑戦
AC長野パルセイロ・レディース 公式グラフ2022-23

2023年7月23日　初版発行

編　者　信濃毎日新聞社
発　行　信濃毎日新聞社
〒380-8546　長野市南県町657
メディア局出版部　TEL026-236-3377
マーケティング局地域スポーツ推進部　TEL026-236-3385
マーケティング局営業部　TEL026-236-3333

印刷製本　株式会社 日商印刷

定　価　1,100円（本体＋税）

乱丁・落丁は送料弊社負担でお取替えします。
ISBN978-4-7840-7425-9　C0075

取　材　信濃毎日新聞社 編集局／マーケティング局地域スポーツ推進部

協　力　株式会社長野パルセイロ・アスレチッククラブ

写真提供　塚田裕文 / WEリーグ

ブックデザイン　酒井隆志 / 髙﨑伸也

編　集　信濃毎日新聞社メディア局出版部

＊記事中の時点表記、人物の年齢や肩書、事実等は、各試合や出来事、新聞掲載当時のものです。